VENGEANCES D'ÉTAT

Allain Guilloux

VENGEANCES D'ÉTAT

Albin Michel

22, rue Huyghens, 75014 Paris

www.albin-michel.fr

ISBN 2-226-12753-4

A Joëlle,
à mes enfants,
à Annie,
à Gérard,
à tous mes proches qui m'ont soutenu.

1

Ce qui m'est arrivé m'a longtemps laissé sans voix. Aucun tourment ne m'aura été épargné. Jamais je n'aurais cru cela possible dans la France du nouveau millénaire. Aujourd'hui, je veux témoigner, dire comment par une suite de constructions machiavéliques on fabrique de toutes pièces un coupable. Je ne me lancerais pas dans ce récit s'il ne concernait que moi. Je veux raconter ma mésaventure pour que les Français s'interrogent sur l'état de l'État qu'elle révèle. La France est-elle encore un État de droit ? Ou bien, au contraire, n'avons-nous pas basculé, sans nous en rendre compte, dans une république bananière où tout est permis aux détenteurs du pouvoir, sans que ceux qui en sont les victimes puissent faire autre chose que subir ?

À quoi comparer cette folle affaire ? Si c'était un roman policier, il aurait pour titre « L'avocat, les juges, les politiques et la balance ». Le récit ne manquerait à aucune des lois du genre. On m'y verrait à contre-emploi, dans le rôle du truand, traverser Paris sous bonne escorte, sirènes hurlantes. Je ferais visiter au lecteur les bureaux de la grande délinquance financière, rue du Château-des-Rentiers, les geôles souterraines aux portes vitrées de l'ancien immeuble du *Monde*, rue des Italiens, devenu le pôle financier, les locaux de la garde à vue du commissariat du 13e arrondissement, une cellule de la maison d'arrêt de la Santé. Les péripéties sont nombreuses : douze perquisitions à mon cabinet, chez moi, chez les miens. Nous irions traquer jusque dans le saint des saints de la vérification fiscale, rue Ampère, la dénonciation anonyme cause de mes malheurs. Parmi les personnages, on trouverait, autour d'un étonnant couple de magistrats, une dame substitut cherchant à être agréable aux collègues, une présidence de chambre complaisante, un bâtonnier n'hésitant pas à accabler ses confrères, des fonctionnaires des impôts menteurs ou malveillants, un cambriolage bidon, des violations nocturnes de domiciles, des poses sauvages de micros, des filatures aussi incessantes qu'ostentatoires, des faux commis par la justice, une plainte surprenante déposée tardivement par un ministre contre l'avis de ses services, mais aussi des policiers courtois, des gardiens de prison compréhensifs, des gendarmes humains, des amis fidèles, des confrères avocats solidaires et dévoués, et un geste de seigneur du plus grand comédien français.

J'ai l'impression de tenir la place du cerf dans une chasse à courre. Le fisc est le rabatteur. Derrière la meute chevauchent un chasseur et une chasseresse, magistrats sans peur et sans reproche, paladins de la Vérité et de la Vertu. Ils sautent allégrement par-dessus les haies de la loi, de la procédure, du principe capital du droit qu'est la présomption d'innocence. Pour sonner du cor, ils peuvent compter sur une presse informée de chaque épisode de la chasse au mépris du secret de l'instruction. Épuisé, blessé, forcé et, par moments, désespéré, je trouve encore la force d'échapper à l'hallali.

Il n'y a rien dans mon dossier, aucun délit commis, encore moins prouvé. Mais beaucoup d'incohérences, d'abus, de dénis de justice, de violations de la loi. On m'empêche pourtant d'exercer ma profession dans le but de me ruiner et de m'éliminer professionnellement. J'aimerais pouvoir écrire que mon cauchemar est enfin terminé. Parfois, j'ai l'impression qu'il ne finira jamais.

Mais laissons parler les faits. Ils sont plus éloquents que tous les discours.

2

Tout commence par un banal cambriolage. Du moins je le crois à l'époque. Le vendredi 20 juin 2000, notre famille au grand complet s'est réunie à Lamballe, dans les Côtes-d'Armor, pour fêter les 80 ans de mon beau-père et de mon père. Enfants, petits-enfants, arrière-petits-enfants... Nous sommes plongés dans les préparatifs de la fête lorsque je suis appelé au téléphone par l'homme de service de mon cabinet. Dans la nuit, mon appartement a été cambriolé. Les voleurs ont été interrompus au matin par l'arrivée de mon employé de maison. Ils ont pris la fuite par la porte de service, laissant l'appartement dans un désordre indescriptible. Les tiroirs ont été vidés sur le parquet. Dans leur précipitation, les visiteurs ont abandonné des paquets sur la table de la cuisine et dans l'entrée des ballots remplis de butin constitués avec des draps. Ils n'ont visiblement pas eu le temps d'emporter tout ce sur quoi ils voulaient faire main basse.

Tant d'amis autour de moi ont été victimes du même désagrément que je le prends avec philosophie. C'est hélas le prix à payer de la vie en société, un événement quasiment inéluctable. Cette fois, c'est mon tour. La police n'a relevé aucune trace d'effraction. Pour elle, de toute évidence il s'agit du travail d'un classique monte-en-l'air. Il a accédé au cinquième étage par l'escalier de service, a pénétré dans l'appartement par la fenêtre de la cuisine en prenant appui sur la corniche qui agrémente la façade sur cour de l'immeuble. Rien que de très banal. Je m'entretiens par téléphone avec un policier de la brigade de répression du banditisme (BRB), chargée de l'enquête en raison de l'importance du vol. Nous prenons rendez-vous pour le dimanche après-midi. À peine rentrés à Paris, Joëlle, mon ex-épouse, et moi-même allons déposer plainte.

Le lendemain, j'interroge les deux employés qui ont découvert le cambriolage. Leur récit est surprenant. Parmi les objets destinés à être emportés et abandonnés par les cambrioleurs dans l'entrée, se trouve un carton à chaussures contenant d'anciennes souches de carnets de chèques et quelques relevés de banque et de cartes de crédit. L'employé de maison qui a remis l'appartement en ordre m'indique que mes dossiers personnels ont été consultés ; il les a retrouvés en vrac sur le sol de la pièce qui me sert de bureau. Étrange butin et bizarres curiosités pour des cambrioleurs. Quelques jours plus tard, en recherchant des photographies prises dans l'appartement pour les remettre aux policiers afin d'identifier les sculptures en bronze qui m'ont été dérobées, je constate que certaines manquent. Ce sont celles où je figure en compagnie d'amis bénéficiant d'une certaine notoriété venus dîner à la maison. Décidément, voilà de singuliers visiteurs du soir !

Comme tout le monde, j'ai entendu parler de cambriolages déguisant les descentes occultes de services secrets. L'idée me traverse l'esprit. Mais qui puis-je bien intéresser ? Mes doutes sont de courte durée. Quelques jours plus tard, je suis convoqué à la BRB. On vient d'arrêter un individu en flagrant délit alors qu'il bradait mes collections de montres et de stylos dans un bar parisien. Toutefois, l'homme nie avoir participé au cambriolage. Il affirme qu'un inconnu, un certain José, rencontré quelques jours plus tôt dans un bar, lui avait remis les objets volés en le chargeant de les vendre. Il lui a indiqué les prix à pratiquer et ils sont convenus de la répartition du produit des ventes. Bref, l'homme accepte seulement le rôle de receleur. Il peut difficilement faire autrement, compte tenu des circonstances de son arrestation due à une information fournie à la police par l'un de ses « honorables correspondants ».

Parmi les objets qui me sont présentés, j'identifie la clef de la porte de service. Cette fois, l'affaire est entendue. À l'évidence, le prétendu receleur a participé à l'opération. Il n'y a aucune raison d'y voir autre chose qu'une effraction ordinaire, même si, devant cette preuve accablante, l'homme, dont le casier judiciaire est bien fourni, persiste à nier sa participation au fric-frac. J'impute mes soupçons à un excès d'imagination. La justice est saisie ; elle fera son office. Je chasse le cambriolage de mon esprit, passe le préjudice par pertes et profits. Perte sèche, à vrai dire, car je ne suis pas assuré, n'en déplaise au délicat confrère assistant le receleur. Il avait obligeamment suggéré au juge d'instruction chargé de l'enquête qu'il pouvait s'agir d'un cambriolage bidon aux fins d'escroquerie à l'assurance.

La vie continue ? Non, elle ne continue pas. Elle va basculer, quelques semaines plus tard, dans un cauchemar que je n'aurais jamais imaginé dans mes nuits les plus agitées.

3

La vengeance d'État va prendre pour prétexte un épisode d'une grande banalité. En octobre 1998, j'ai vendu un appartement situé 15 rue Margueritte à Paris, à un certain Henri Benhamou, acheteur totalement inconnu de moi et présenté par sa propre agence immobilière. Je le rencontre pour la première fois de ma vie le jour de la signature de l'acte chez le notaire. Je possède cet appartement depuis 1992, à travers une société étrangère dont j'ai acheté le capital le plus légalement du monde.

Quelques mois plus tard, en février 1999, Henri Benhamou charge mon cabinet de procéder à l'examen de sa situation fiscale. Je lui demande les quelques documents et renseignements nécessaires, puis je transmets le tout à mon collaborateur Jacques Faure. Le dossier ne présente pas de difficulté particulière. Je reverrai mon client trois ou quatre fois par la suite, toujours à propos de son dossier, sans nouer ou entretenir de relation personnelle avec lui.

Fin novembre, je reçois un coup de téléphone de l'Ordre des avocats. On m'apprend qu'il est placé en garde à vue à la brigade de répression du banditisme et qu'il m'a désigné comme défenseur. Je tombe des nues : je me demande comment cet homme se retrouve dans le haut lieu de la répression du grand banditisme. Il y a sans doute erreur. J'appelle la BRB : « Vous avez bien chez vous M. Benhamou ? — En effet. » Ce n'est pas une erreur. Il s'agit bien de lui.

À la vingtième heure de la garde à vue — à l'époque il fallait attendre cette échéance —, je me rends dans les locaux de la police, en face du Palais de Justice. Henri Benhamou a l'air encore plus étonné d'être là que moi-même de l'y trouver. Il me raconte son histoire. S'étant fait « saucissonner » en 1997 — forme d'agression à domicile qui consiste à ligoter la victime et à lui extorquer son argent dans le style des « chauffeurs » des Grandes Compagnies de jadis —, il m'indique n'avoir pas porté plainte par crainte des représailles dont ses visiteurs avaient menacé sa famille. Or, des hommes soupçonnés d'être les saucissonneurs se font prendre alors qu'ils planquent devant chez lui. Un voisin intrigué appelle la police.

Les prévenus nient formellement être les auteurs du méfait. L'un d'entre eux, particulièrement inspiré, affirme pour justifier leur présence qu'ils épiaient Benhamou à la demande des douanes qui le soupçonnent de « blanchir de l'argent de la drogue en provenance du Maroc » dont il est originaire. On les aurait chargés de surveiller ses faits et gestes. « Je n'ai jamais su à quoi ressemblait de la drogue ! » me dit au terme de son récit Henri Benhamou. La police, en perquisitionnant chez les intéressés, découvre un cahier lui appartenant et retraçant des mouvements de fonds. Il est placé sous surveillance. Écouté et filé. Intriguée par un comportement qui lui semble suspect, la police le place en garde à vue, méthode d'intimidation servant surtout à faire avouer les suspects contre lesquels on n'a pas de preuves. N'étant pas pénaliste, je lui conseille de prendre pour défenseur Jean-Louis Pelletier dont les compétences et le talent sont connus de tous au palais.

À la fin de la garde à vue, Henri Benhamou est présenté au juge d'instruction. Jean-Louis Pelletier me propose de rester à ses côtés : « Cela vous changera de vos affaires fiscales. » J'accompagne donc mon confrère et son client devant le juge d'instruction. Et voici la première palinodie judiciaire d'une histoire qui en sera riche. Le juge nous reçoit tous les deux avant de faire comparaître notre client. Nous croyons comprendre qu'il ne croit guère à cette histoire de drogue. Et pourtant, à notre ébahissement, à l'issue du débat contradictoire, il suit les réquisitions du parquet, délivre un mandat de dépôt et le met en détention pour « blanchiment d'argent de la drogue ». Les deux autres prévenus sont également incarcérés. L'un d'entre eux sera libéré quelques jours plus tard, le second après trois semaines de prison moyennant le paiement d'une substantielle caution. Quelle a été l'utilité de leur incarcération ? Henri Benhamou a reconnu qu'il faisait de la compensation entre la France et le Maroc et prélevait une commission au passage. Point final. On est loin d'un quelconque trafic de haschisch !

Jean-Louis Pelletier, qui n'a pas la langue dans sa poche, ne se prive pas de dire sa façon de penser devant une pareille contradiction à quelques minutes d'intervalle. Le juge écoute sans broncher. En nous remettant nos permis de communiquer pour rendre visite à l'infortuné à Fleury-Mérogis, il tente d'apaiser Pelletier, convaincu que l'affaire est de peu d'importance : « Ils ne vous serviront pas longtemps. »

S'agissant d'une affaire financière, le dossier est transféré au pôle financier où il aboutit entre les mains du juge Philippe Courroye. Celui-ci maintiendra Henri Benhamou en prison pendant huit mois ! Sans que sa détention soit en quoi que ce soit utile à l'instruction. On en cherche la justification et le motif. Pour rien. Ses différentes demandes de mise en liberté seront systématiquement rejetées, tant par le juge que par la chambre d'accusation siégeant sous la présidence de Martine Betch. Il sortira de l'épreuve brisé. Près de deux ans plus tard, il n'y a toujours pas la moindre preuve d'un quelconque blanchiment. Qu'importe ! Il était condamné. Et, surtout, on a entraîné dans son sillage son avocat, sans doute l'un des plus détestés d'un certain nombre de fonctionnaires de l'administration fiscale.

4

J'ai exercé plusieurs métiers dans ma vie. J'ai d'abord été maître d'internat, c'est-à-dire pion, puis délégué médical, noble appellation du représentant de commerce en médications. Ce travail ne me satisfaisait pas. Harcelés par les représentants des laboratoires de produits pharmaceutiques, les médecins nous expédiaient d'ordinaire rapidement. Pourtant, à l'occasion d'une de mes tournées à Luçon — le fameux « évêché le plus crotté de France » de Richelieu — , une femme médecin à qui je reste reconnaissant me dit, au terme d'une conversation exceptionnellement longue, que ce métier n'était pas pour moi, que je ne devrais pas rester délégué médical. Je le pensais depuis de nombreux mois.

C'est le déclic. En rentrant chez moi, j'annonce à mon épouse, Joëlle, à l'époque professeur auxiliaire, que j'ai décidé de reprendre des études arrêtées au bac. Je donne ma démission le 31 décembre 1966. Le 2 janvier, j'intègre la faculté de droit de Rennes. J'ai 22 ans. Je passe le concours d'élève inspecteur des impôts la même année pour percevoir le salaire attribué aux inspecteurs élèves et j'entre à l'école des impôts à Clermont-Ferrand.

Je suis fonctionnaire de cette administration, de 1967 à 1977. Un jour, dans les locaux de la direction nationale des vérifications de situations fiscales, la fameuse DNVSF, où je suis vérificateur, je vois des collègues attroupés dans le couloir de la brigade : « Que faites-vous ? — On s'inscrit au capa » (certificat d'aptitude à la profession d'avocat). Je trouve l'idée excellente et me joins au petit groupe. Nous suivons assidûment les cours un an sans qu'aucun se présente à l'examen. La deuxième année, je suis le seul à me réinscrire sans suivre les cours. Quinze jours avant la date de l'examen, un ancien camarade de lycée, collaborateur dans un important cabinet d'avocats à Paris, devenu mon voisin à Nemours, Jean-Pierre Sommelet, vient me voir et me parle d'un cabinet d'avocats à Fontainebleau que nous pourrions peut-être racheter ensemble. « Mais je ne suis pas avocat ! — Eh bien, deviens-le. Passe ton capa ! » Je me présente à l'examen et suis reçu. Deux jours après le résultat, le président de la dernière épreuve orale, Jean-Marc Gernigon, demande à me rencontrer. Il me propose de m'accueillir au sein de son cabinet où il souhaite développer une activité de contentieux fiscal.

Mon travail d'inspecteur des impôts, que je fais avec soin, donne toute satisfaction à mes supérieurs. Mon directeur à qui j'annonce ma démission me dit alors la regretter en ajoutant aimablement qu'à la direction on me pensait promis à faire carrière dans l'administration. Vaguement provocateur, je lui rappelle que les meilleurs partent toujours les premiers. Amusé par mon impertinence un rien puérile, il me regarde en souriant et me souhaite bonne chance. Ce métier me met mal à l'aise. Par tempérament, je ne suis pas porté vers les fonctions répressives. Or, la direction générale des impôts (DGI) a changé de nature avec la priorité donnée au contrôle fiscal. D'administration de gestion, elle est devenue administration de contrôle. Les inspecteurs, progressivement mis sous tutelle, perdent toute indépendance. On entre dans un autre univers.

Le système entame la dérive que je dénoncerai par la suite dans un livre coécrit avec André Harris. Portant sur le contrôle fiscal, il suscitera d'abord de vives réactions des syndicats qui se solidariseront avec la direction avant de comprendre que ce n'est pas à eux que je m'en prenais, mais au système lui-même, à l'hypocrisie de la direction générale qui préconise officiellement des critères de qualité, alors que sur le terrain une seule chose compte : les résultats susceptibles d'être retranscrits dans les sacro-saintes statistiques annuelles, censées démontrer la qualité du travail accompli. Elles sont l'occasion d'un moment d'intense satisfaction pour ceux qui s'en prévalent. Enfin, j'aspire à être mieux payé, même si cette considération n'est pas déterminante. Ma femme étant professeur, nous avons des ressources convenables, mais j'ai tout de même le sentiment que le difficile travail des fonctionnaires des impôts n'est pas reconnu comme il le devrait, et n'est pas non plus rétribué à sa juste valeur. Les agents se sentent quelque peu méprisés par la hiérarchie.

Je démissionne en novembre 1977 pour entrer chez Jean-Marc Gernigon, où je ne fais qu'un bref passage, le poste ne me semblant guère prometteur. Par le plus grand des hasards, un administrateur judiciaire près le tribunal de grande instance (TGI) de Paris, qui connaît des problèmes de santé, cherche un collaborateur pour l'assister. Une de ses amies me recommande, et me voici principal chez Roland Scemama, avec perspective de succession. Fort heureusement, mon patron se rétablit et la succession s'éloigne. Je n'ai pas quitté l'administration pour être salarié d'un administrateur judiciaire. Je décide donc de me mettre à mon compte, sous-loue un bureau chez un confrère et me lance dans l'aventure sans un seul client. La patience et beaucoup de travail ont fait le reste.

5

Ce lundi 3 juillet 2000, je viens d'introduire dans mon bureau le premier rendez-vous de l'après-midi. Dans la journée, j'en ai cinq ou six, un rythme aussi soutenu qu'habituel dans la profession d'avocat. Par une ironie du destin, ce client que je reçois a été le premier de ma carrière. Il était venu me voir en novembre 1977. Le rendez-vous avait été pris par mon nouveau patron. Je venais de quitter l'administration pour m'inscrire au barreau de Paris et ma démission était effective depuis la veille. Aujourd'hui, il m'apporte une nouvelle notification de redressement.

Nous n'avons pas eu le temps d'aborder le sujet. Nous sommes interrompus par un appel de la secrétaire en poste à l'entrée du cabinet : « Monsieur, plusieurs messieurs vous demandent. »

Je reconnais, parmi une dizaine de personnes, le juge d'instruction Philippe Courroye. Je le connais pour avoir assisté à plusieurs auditions d'Henri Benhamou dont il instruit l'affaire. Glacial, il m'annonce qu'il vient procéder à une perquisition de mon cabinet. Le juge est accompagné d'une substitut du procureur, d'un représentant du conseil de l'Ordre et de plusieurs policiers. Je prie mon client de m'excuser :

— Ces messieurs vont procéder à une perquisition. Cela ne fera jamais que la troisième depuis le début de ma carrière.

Nullement inquiet, je demande à mon client de rappeler mon secrétariat pour prendre un autre rendez-vous.

Pas un instant je n'imagine la tourmente dans laquelle je vais me trouver plongé.

Un policier me signifie immédiatement ma garde à vue. Ce sont les formules d'usage : « Désirez-vous voir un médecin ? Quel avocat souhaitez-vous appeler à la vingtième heure ? Voulez-vous prévenir un de vos proches ? »

Je décline ces offres, notamment celle de désigner un confrère, certain que tout ira très vite et que ce dernier n'aura pas à se déplacer. Candide, je m'imagine qu'on va très rapidement constater que je suis totalement étranger aux agissements réels ou supposés d'Henri Benhamou. On en restera là. Je suis parfaitement serein, persuadé que tout sera terminé le soir même.

— Où sont les dossiers ?

J'accompagne le juge au secrétariat, suivi du policier qui m'a signifié ma garde à vue et qui, dès cet instant, ne m'a plus quitté d'une semelle. Il fait extraire les dossiers d'Henri Benhamou suivis par mon cabinet. Il ajoute qu'il voudrait également consulter le dossier de la société Calvipan, propriétaire de l'appartement que j'ai vendu un an et demi auparavant.

Je commence à y voir plus clair. En pareille circonstance, on fait en quelques secondes le tour du problème. Me voici parfaitement rassuré. Le juge ne peut trouver chez moi aucune pièce établissant une quelconque relation avec Henri Benhamou antérieure à la vente de l'appartement, puisque je ne le connaissais pas avant celle-ci. Mes visiteurs vont repartir comme ils sont venus. Les quarante-huit heures qui suivront, du lundi au mercredi soir, vont prouver l'incommensurable étendue de mes illusions et de ma naïveté. De l'absurdité, l'affaire va basculer dans le drame.

Deux secrétaires apportent les dossiers demandés. Je m'assieds à mon bureau tandis que Philippe Courroye commence à les consulter, aidé par sa collègue Isabelle Prévost-Desprez ainsi que par la substitut qui les accompagne. Mon confrère Étienne Tarride, représentant du bâtonnier de l'Ordre des avocats, déambule dans le bureau, l'air faussement détaché. En fait, attentif à tous les propos échangés par les magistrats, il garde un œil vigilant sur les pièces consultées, celles qui sont saisies et placées immédiatement sous scellés par les policiers.

Le juge s'apprête à saisir la consultation transmise à Henri Benhamou, qui faisait la synthèse des observations consécutives à l'examen de sa situation fiscale. Étienne Tarride s'y oppose au nom du respect du secret professionnel. Il demande que la pièce soit placée sous scellé fermé. Ainsi, elle ne pourra pas être jointe à la procédure avant que le président du tribunal de grande instance ne se soit prononcé en personne.

Isabelle Prévost-Desprez n'apprécie visiblement pas que l'Ordre, par la voix de son représentant, ose contester le pouvoir du couple qu'elle forme avec son collègue. Ne sont-ils pas magistrats ? C'est à eux et à eux seuls de déterminer ce qui est bon pour l'enquête, de pouvoir apprécier ce qui doit être saisi.

— Comment saurais-je, interroge-t-elle, quel est l'intérêt des pièces que j'entends saisir si je ne les ai pas préalablement examinées ?

Le raisonnement est juste, à une bagatelle près. Il implique qu'il n'est recherché aucune pièce particulière et qu'en fait, les deux juges sont venus chez moi à la pêche, dans l'intention que quelque information ou preuve voudra bien mordre à leur hameçon. Information sur quoi ? Preuve de quoi ?

Mon confrère évite la polémique et s'abstient de répondre. Il sait que les deux magistrats doivent obtempérer et n'ont d'autre choix que de placer les pièces litigieuses sous scellé fermé comme il l'exige. La tension monte. Isabelle Prévost-Desprez lui décoche des propos qui se veulent ironiques. Il ne s'en émeut pas. Impassible, il campe sur sa position. La pièce litigieuse est placée finalement sous scellé fermé. Philippe Courroye ne prend pas la peine d'intervenir, marquant ostensiblement par son attitude son mépris pour ce qu'il considère comme une vulgaire péripétie sans intérêt au nom du principe « *de minimis non curat praetor* [1] ». Il poursuit l'examen systématique, pièce par pièce, des dossiers qui lui ont été apportés. J'aurai l'occasion, lors des nombreuses perquisitions dont je serai gratifié, d'apprécier la fermeté d'Étienne Tarride à sa juste valeur. D'autres confrères se montreront beaucoup plus accommodants, désireux avant toute chose d'éviter l'affrontement, de ne pas déplaire aux magistrats, fût-ce au prix d'une renonciation.

Les cabinets d'avocats sont d'exceptionnelles

1. « Le préteur ne se soucie guère des détails. »

mines d'informations. Il est tentant de venir s'y servir. Parfois de façon abusive. Ainsi, une dame magistrat instructeur, qui assistait sans raison à une perquisition menée par l'un de ses collègues chez un confrère, a répondu non sans cynisme à celui-ci, qui osait lui contester la légalité de son intervention : « Je vais vous mettre en examen. » Comme il s'enquérait du chef de quel délit, il s'est entendu répondre : « Je ne sais pas mais je trouverai bien quelque chose. » En réalité, elle était en quête de l'adresse d'un des clients du cabinet en fuite à l'étranger — il a été arrêté depuis lors. Pique-assiette judiciaire, elle avait profité d'une perquisition portant sur une tout autre affaire pour accompagner le magistrat qui en était chargé ! Saisis d'une plainte en violation de domicile, le tribunal puis la Cour de cassation n'ont rien trouvé à y redire. La Cour européenne des droits de l'homme est saisie. Espérons qu'elle se montrera plus sensible au respect de ce droit fondamental qu'est le secret professionnel.

Dans mon cas, il est difficile d'imaginer en quoi les conclusions de l'audit de la situation fiscale d'Henri Benhamou, portant sur une période antérieure à mon premier contact avec lui, sont susceptibles de m'impliquer dans un délit qui, à supposer qu'il l'ait commis, l'aurait été au cours d'une période où je ne le connaissais pas encore. Mais peut-être cet argument de bon sens est-il trop simpliste pour un juge ?

Je prends mon parti de la situation. Après tout, les cabinets d'avocats ne sauraient être des sanctuaires inviolables. La justice, en dernière extrémité, doit avoir les moyens de rechercher, là où elles se trouvent, les preuves dont elle pourrait avoir besoin pour confondre un avocat ayant manqué à son devoir. À condition, bien entendu, de disposer de présomptions graves, de débuts de preuves convaincants. Sinon il serait trop facile d'aller mettre son nez, sous n'importe quel prétexte, chez le défenseur de tel client qui fait l'objet de poursuites et contre lequel on est à court de preuves.

Si l'avocat doit être protégé contre ces curiosités, ce n'est pas pour lui-même mais parce que ses clients ont pu, en toute confiance, lui remettre des pièces qui doivent rester confidentielles et qu'ils estiment nécessaires à la compréhension de leur affaire comme à la construction de leur défense. C'est pourquoi la perquisition d'un cabinet d'avocats est un acte extrêmement grave. Si elle n'est pas justifiée par des fautes de l'avocat sérieusement établies, elle est une scandaleuse violation des droits de la défense. La décision devrait en être réservée à une autorité judiciaire extérieure à l'enquête en cours et intervenir à l'issue d'un débat avec le représentant de l'Ordre. Dans les conditions présentes, ces perquisitions risquent de se multiplier et de se banaliser.

6

Alain Belot a débuté, comme moi, inspecteur vérificateur à la direction nationale des enquêtes fiscales (DNEF), service de Bercy chargé de traquer le gros gibier. À 45 ans, il a fait carrière dans l'administration et a été détaché, de 1988 à 1990, auprès de Dominique Strauss-Kahn, alors président de la commission des Finances de l'Assemblée nationale. Nous avons noué des liens d'amitié avec, du moins telle était mon impression à l'époque, un réel plaisir partagé.

En 1990, je lui propose de rejoindre mon cabinet dans le cadre d'une association. Je ne lui en reparle plus quand, en 1991, il me fait part de son souhait de donner suite à ma proposition. J'apprendrai ultérieurement, à la lecture de *L'Express*, que DSK était intervenu en vain pour le faire intégrer dans le corps des administrateurs civils et qu'il venait d'essuyer un refus. Il ne m'avait jamais parlé de cet échec. Lorsque nous nous associons, je suis persuadé que nous allons former une équipe parfaitement complémentaire, que je vais pouvoir souffler un peu et assouvir un vieux rêve : préparer l'agrégation de droit. Le second associé est Jean-Pierre Le

Sergent, ancien inspecteur principal, chef de brigade à la direction nationale des vérifications de situations fiscales (DNVSF), service de pointe de l'administration. Il l'a quittée pour travailler avec moi quelques années plus tôt. Il est aussi sérieux que compétent et nous nous entendons parfaitement.

Tout devrait aller pour le mieux dans le meilleur des mondes, et pourtant notre association va se révéler rapidement une erreur dont je mesurerai, quelques années plus tard, les funestes conséquences. Le cabinet ne connaît pas l'expansion escomptée, alors que ma charge de travail est de plus en plus lourde. Chacun reste dans son coin ; l'absence de concertation, le manque de direction nous mènent à la stagnation et à l'échec. Dès 1994, je fais part à mes associés de ma décision de ne pas poursuivre dans de telles conditions et de me retirer de la société civile professionnelle dans le cadre de nos accords. Finalement, Jean-Pierre Le Sergent quitte la SCP à la fin de l'année pour s'installer seul et fonder son propre cabinet. Il reconnaîtra honnêtement qu'il me doit sa situation. Je lui ai toujours conservé la grande estime qu'il mérite et me réjouis de sa réussite. Je reste seul avec Alain Belot. Peu à peu, nos rapports se distendent et deviennent même franchement hostiles. En fait de société, deux cabinets distincts fonctionnent dans les mêmes locaux, chacun dans l'ignorance de ce que fait l'autre.

Au cours du troisième trimestre de 1998, Alain Belot, victime d'un accident, est indisponible pendant plusieurs semaines. Je demande à sa secrétaire de me passer ses appels téléphoniques et son courrier afin d'assurer l'intérim. À ma surprise, il n'y a quasiment ni appels ni lettres. Au bout de quelques jours, je m'en inquiète. On me confirme qu'il en va ainsi depuis longtemps déjà. Pour ne pas être dérangé constamment par le téléphone, je fais noter les appels par la standardiste afin de rappeler dès que je suis disponible. Parmi les rares appels destinés à Alain Belot, une agence immobilière souhaite savoir si la recherche de bureaux reste d'actualité. Elle évoque la visite récente de mon associé.

Tout s'éclaire. Il recherche des locaux pour s'installer à son compte. Profondément choqué, j'en parle à mes collaborateurs. Les langues se délient. J'apprends qu'Alain Belot a tenté de débaucher Robert Bouquet, collaborateur spécialisé dans l'assistance aux vérifications de comptabilités. Ses activités le conduisent le plus souvent à l'extérieur du cabinet et il entretient des rapports très étroits avec les clients qu'il assiste. Sa compétence, sa gentillesse, sa puissance de travail lui valent d'exceptionnels résultats et leur reconnaissance. Les clients lui sont très attachés. Il dispose d'une clientèle propre. Elle le suivrait immanquablement s'il venait à me quitter. Alain Belot le sait aussi bien que moi.

J'apprécie alors à sa juste mesure une scène à laquelle il m'avait été donné d'assister en présence du représentant du conseil de l'Ordre. Celui-ci était saisi du litige opposant la SCP à Jean-Pierre Le Sergent après son départ. Il s'agissait d'établir les comptes sur lesquels nous étions en désaccord. Jean-Pierre Le Sergent avait apostrophé Alain Belot : « Peux-tu me dire, en me regardant dans les yeux, que ce n'est pas toi qui es venu me proposer une association en souhaitant être suivi par Robert

Bouquet ? » Sans sourciller, Alain Belot avait rétorqué qu'il le regardait dans les yeux et qu'il lui répondait non. J'avais eu l'impression de revivre le fameux débat télévisé entre François Mitterrand et Jacques Chirac. J'apprends encore qu'Alain Belot, en juillet 1997, a convoqué un par un chaque membre du personnel de la SCP, collaborateurs et secrétaires, pour les informer de son proche départ, projet auquel il s'est bien gardé de donner suite, et pour cause : aucun collaborateur n'était disposé à le suivre.

Enfin, voilà le coup de grâce. La SCP était locataire au 11 bis avenue Victor-Hugo. Le loyer élevé nous avait conduits à envisager l'acquisition de bureaux rendue possible par l'effondrement des prix de l'immobilier à Paris. Selon mes calculs, les remboursements devaient être inférieurs aux loyers exorbitants réglés pour des locaux devenus trop grands après le départ de notre troisième associé. Des bureaux étaient à vendre quelques immeubles plus loin. J'ai négocié l'achat, trouvé le financement, conçu et surveillé l'exécution des travaux. Alain Belot, faisant visiter notre futur cabinet à l'un de ses clients et amis, ne s'était pas aperçu de la présence de deux collaborateurs venus à la découverte de leur prochain lieu de travail. Ils ont pu l'entendre dire : « Regarde les travaux de l'autre mégalo ! Heureusement que je n'y viendrai jamais. » C'était en février 1997.

Dès son rétablissement, en octobre 1998, je fais part à Alain Belot de ma décision de ne pas poursuivre notre association. Je souhaite rechercher une solution amiable. Dans un premier mouvement, Alain Belot, conscient que le cabinet est mon œuvre, me dit qu'il part, me laisse tout et cesse d'exercer la profession d'avocat. Il avait bien gagné sa vie durant notre association et fait, comme il avait coutume de dire, « une excellente affaire ». Un peu plus tard, changeant d'avis, il décide de rester avocat, ce qui est parfaitement légitime. Finalement, aucune séparation à l'amiable ne paraissant possible, je suis contraint de formaliser mon retrait de la société civile avec effet au 31 août 1999.

Quand le juge Courroye perquisitionne à mon cabinet, mes rapports avec Alain Belot se sont dégradés au point que nous ne nous adressons plus la parole depuis que je lui ai fait part de ma décision de retrait. Il a saisi le conseil de l'Ordre afin que soit désigné un arbitre chargé d'établir les comptes de notre séparation. Un an après la saisine de l'Ordre, il m'accuse purement et simplement d'avoir détourné des fonds de la SCP en percevant des honoraires sous la forme de remises d'œuvres d'art et d'avantages en nature, par la mise à disposition gratuite d'un appartement par l'un des clients de la SCP. Entendu par le juge le 3 octobre 2000, il évalue mes prétendus détournements à la modique somme de 10 millions de francs. Il assure au magistrat, dont on devine l'étonnement devant un tel montant et la passivité de la victime, que, ne souhaitant pas envenimer le climat entre nous, il n'a fait état de mes turpitudes qu'en juin 2000, devant l'arbitre choisi par l'Ordre pour établir les comptes de séparation. Il omet seulement de préciser que l'expert désigné concluait à une importante dette de sa part, tant envers la SCP qu'à mon égard.

7

La perquisition de mon cabinet s'achève en fin d'après-midi. J'imagine que nos visiteurs impromptus vont repartir comme ils sont venus et que la vie va reprendre son cours. Pas du tout ! On m'annonce une seconde perquisition, cette fois à mon domicile. J'habite dans le 16e arrondissement, près de la place Victor-Hugo, à deux pas de mon cabinet.

Quand le juge débarque chez moi, toujours accompagné des policiers, je l'ai précédé de quelques minutes. Au moment où il franchit la porte, il commence à manifester un énervement aussi inquiétant qu'éloquent. Je sens immédiatement que sa visite va mal se passer. D'autant plus mal que cette irruption chez moi n'a pas la moindre raison d'être. Du moins, elle me paraît incompréhensible. Elle doit cacher quelque chose, mais quoi ?

Mon employé de maison ouvre la porte au magistrat qui, aussitôt, lui demande :

— Qui vous paie ?

— C'est monsieur, répond-il, ébahi.

Le juge se tourne vers moi :

— Combien le payez-vous ? Est-il déclaré ?

Je ne vois pas en quoi cela touche à l'affaire dont

il est saisi. Ou plutôt, je vois trop bien, car les écailles me tombent brusquement des yeux. Je comprends soudain ce qu'il cherche et pourquoi.

— Mon employé est déclaré, cela va sans dire. Quant à vous indiquer son salaire exact, j'en suis incapable.

— Comment ? Vous ne savez pas combien vous le payez ? Qui établit ses fiches de salaire ?

— Les fiches de paie et les chèques sont établis par ma comptable.

— Alors le salaire de votre domestique personnel est intégré dans les charges de votre cabinet ! Naturellement !

— Pas du tout. Il est comptabilisé en prélèvements.

Il examine l'appartement d'un œil soupçonneux. Vaste et clair, situé au dernier étage, il est orné de bon nombre de tableaux ainsi que de quelques sculptures. Son regard indigné semble me demander comment j'ose vivre dans un cadre qui lui paraît manifestement outrageusement somptuaire.

Les questions se succèdent en rafales : « Depuis combien de temps habitez-vous ici ? Êtes-vous propriétaire ? Combien avez-vous payé l'appartement ? Vous êtes locataire ? Quel est le montant du loyer ? Qui était le précédent occupant ? Où habitiez-vous avant ? Qu'est devenu votre ancien appartement ? Est-il loué ? Combien percevez-vous de loyer ? Ce revenu est-il déclaré ? »

Je lui réponds de mon mieux, de plus en plus perplexe. Quel rapport peut-il bien y avoir entre l'interrogatoire auquel je suis soumis et le prétendu délit de blanchiment dont le juge est saisi ? Il entreprend une fouille systématique. Je sens l'indignation monter en moi. Certes, je n'avais pas apprécié l'examen de mes dossiers à mon cabinet, mais la profanation minutieuse du sanctuaire d'une vie est beaucoup plus pénible. C'est un véritable viol.

Les deux magistrats présents semblent prendre à leur opération une satisfaction malsaine. En terrain conquis, ils s'affalent dans les fauteuils de ma chambre, vont et viennent d'un air dégagé, sans un mot d'explication ou d'excuse, fouillent, furètent, font sur mon cadre de vie et mes objets familiers les commentaires qui leur paraissent appropriés. Je ne peux rien faire, rien dire, aussi ligoté que Gulliver à Lilliput. Isabelle Prévost-Desprez, croyant flairer une trouvaille, découvre une feuille de papier qui sert de marque-page à *Citadelle* de Saint-Exupéry dont j'ai commencé la lecture il y a peu. La feuille porte un numéro de téléphone.

— De qui s'agit-il ?

Du diable si je le sais ! J'ai dû griffonner ce numéro un jour comme on le fait quand on n'a pas son répertoire sous la main. Je suis incapable de lui répondre. Triomphante, elle me foudroie du regard et lance aux policiers sur un ton pénétré qui ne souffre pas la discussion : « Placez-moi ça sous scellés ! »

Dans le couple inquisitorial, Philippe Courroye mène le bal. Tous deux se livrent à une surenchère. S'estimant sans doute en retard sur son cavalier, elle a seulement voulu montrer qu'elle ne faisait pas que de la figuration.

— Tous ces tableaux, comment les avez-vous acquis ? Ces sculptures, d'où viennent-elles ? Où les avez-vous achetées ? De quelle façon les avez-vous payées ? Avez-vous les factures ?

Mon visiteur se croirait-il au Louvre ou au Prado, entouré de trésors inestimables ? Et surtout, que viennent faire des tableaux dans cette histoire ? À quoi riment toutes ces questions ? S'agirait-il d'une enquête fiscale qui ne veut pas dire son nom ? Dès cet instant j'acquiers une certitude. On m'a « balancé » en prétendant que je vivais dans la caverne d'Ali Baba et que je me faisais payer en œuvres d'art ! La précision des questions lève soudain le voile, d'un seul coup, sur l'identité du dénonciateur. J'en aurai la confirmation dans quelques semaines et la preuve un an plus tard.

Quelques mois auparavant, un confrère fiscaliste rencontré dans un restaurant, informé je ne sais comment, avait eu la gentillesse de me prévenir : « Ils te cherchent derrière la société Calvipan. » J'en avais eu un indice quand, au cours d'un interrogatoire d'Henri Benhamou, Philippe Courroye lui demanda qui représentait la société chez le notaire le jour de la vente. Dans l'attente de sa réponse, il déplaça son fauteuil pour mieux épier ma réaction. J'avais murmuré à l'oreille de Jean-Louis Pelletier assis à côté : « Vous voyez, il me cherche ! »

Le juge, pour l'instant, est préoccupé par mon « musée ». Il n'y a là, en réalité, aucune œuvre de valeur, à l'exception de quelques sculptures. Mon visiteur veut tout savoir des origines, des donateurs, des prix du marché. À contrecœur, sans être cru un instant ni même seulement écouté, j'explique que je suis un chineur impénitent. Et qu'avec un bonheur souvent contesté par les miens, j'achète un peu tout et parfois n'importe quoi. J'achète des tableaux depuis près de trente ans. Aucun tableau de maître. Malheureusement, mes toiles n'ont guère de valeur. Au demeurant, quelqu'un qui a déclaré pendant vingt ans des revenus de l'ordre de 2 à 3 millions de francs chaque année doit pouvoir posséder quelques peintures et autres œuvres d'art sans pour autant paraître suspect.

Philippe Courroye n'est pas de cet avis. Il ne croit pas un mot de mes explications. Il commettra un expert pour évaluer ma mirifique collection, lequel conclura à une valeur totale de 1 200 000 francs, dont la plus large part correspond aux œuvres d'Arman, le plus grand sculpteur français vivant, ami de longue date, qui me les a offertes à l'occasion d'anniversaires, ou tout simplement pour me manifester son affection et parce que je suis un admirateur inconditionnel.

De toute évidence, mon train de vie paraît pharaonique au juge, ce qui pourtant est loin d'être le cas. Comment peut-on pousser le goût du faste jusqu'à être l'ami d'artistes ? Et pourquoi sont-ils mes amis ? Qu'ai-je donc qui puisse justifier l'amitié dont ils m'honorent ? De plus en plus tendu, la mine hostile, il arpente nerveusement l'appartement à grands pas, les bras ballants, suivi par son escorte, sa collègue et le substitut. Serait-il marri de ne rien trouver ? Revenant du fond du couloir, je l'entends dire à Isabelle Prévost-Desprez :

— Il est drôlement bien organisé. Il n'a même pas un carnet de chèques ou un relevé bancaire !

S'il n'a rien trouvé, ce n'est pas parce qu'il n'y avait rien à trouver mais parce que « j'étais drôlement bien organisé ». Conception très personnelle du principe fondamental de la présomption d'innocence ! Pour sa part, la juge souhaite savoir où demeure ma fille. Peut-être pense-t-elle trouver mes chéquiers chez elle ? Quand je lui révèle mon ignorance, elle fulmine :

— Comment, vous ne connaissez pas l'adresse de votre fille ?

— Ma fille Ann'Sophie vient de déménager. Je ne suis pas encore allé chez elle et elle ne m'a pas communiqué sa nouvelle adresse.

Au terme de la quatrième perquisition, le vendredi 7 juillet 2000, Isabelle Prévost-Desprez, toujours scandalisée par mon ignorance suspecte, réitérera la question posée le lundi soir. Obtenant la même réponse, elle haussera les épaules.

— Écoutez, cette fois, c'est moi qui vais me fâcher et ça va mal se passer !

Que redouter de plus ? Qu'on m'applique la question, la poire d'angoisse, les brodequins ? Le ridicule de sa menace lui échappe. Entre les deux magistrats, la lutte est engagée à qui intimidera le mieux le justiciable. Peu importe que ce soit à l'occasion d'une bagatelle, en l'occurrence l'adresse de ma fille, qu'il est d'ailleurs facile de se procurer. Dans la justice d'un style nouveau qui nous menace, certains magistrats ont à cœur de se montrer aussi méprisants que possible.

De toute évidence, je cache des documents compromettants. Avant même de s'informer, le juge me présume coupable et attend de moi que j'apporte la preuve de mon innocence. Mais de quoi suis-je accusé ?

— Combien avez-vous de comptes bancaires ?

— Un seul.

— Où sont les relevés ?

— À mon cabinet. C'est ma comptable qui tient mes comptes. Personnellement, je ne fais jamais de chèques et ne dispose d'aucun carnet de chèques.

Toutes affaires cessantes, le juge décide de retourner à mon cabinet. On ne sait jamais, je pourrais faire disparaître ces pièces accablantes pendant ma nuit de garde à vue ! À son grand regret, je lui indique que la comptable a quitté le bureau à cette heure tardive et je ne suis pas sûr de pouvoir trouver des carnets de chèques, pour la bonne et simple raison que j'ignore où elle les classe.

Après avoir fouiné dans le moindre recoin de mon domicile, magistrats et policiers repartent bredouilles. Comment trouveraient-ils quelque chose, puisqu'il n'y a rien ? Nous quittons mon appartement. Les perquisitions suivantes achèveront de désacraliser ce que je considérais jusqu'alors comme mon refuge. Cela importe peu à mes visiteurs. L'essentiel était de démontrer que je n'étais rien face à leur omnipotence.

Je suis immédiatement embarqué par les policiers. Direction rue du Château-des-Rentiers, où se trouvent les locaux de la brigade de répression des infractions financières (BRIF), service spécialisé dans la traque de la grande délinquance financière. Incorrigible, je me suis mis en tête que, puisqu'ils ont constaté que je ne cachais rien, tout est terminé ou presque. Après une audition de principe destinée à faire la synthèse de la journée, je pourrai rentrer chez moi, oublier ces moments pénibles. Je suis, par nature, confiant et optimiste. J'ai toujours eu la candeur de croire à l'honnêteté de mes interlocuteurs. Je vais déchanter très vite.

À la brigade financière, on m'introduit dans une grande pièce meublée de cinq à six bureaux. Je prends place derrière l'un d'eux, et nullement inquiet, je discute à bâtons rompus avec les deux policiers restés avec moi. Derrière le bureau qu'occupe une jeune femme officier de police, une photographie de Perros-Guirec orne le mur. « Vous êtes bretonne ? » Sur sa réponse affirmative, je lui dis que je suis né à Plancoët, « joli village situé entre Dinan, Saint-Malo et Lamballe », selon l'expression de Chateaubriand. La discussion s'engage sur la Bretagne, qui demeure toujours chère au cœur de tous ses enfants.

Nous devisons quand le commissaire, un homme d'une quarantaine d'années, apparaît. Il vient aimablement me saluer, mais ne croit pas indispensable de m'expliquer les raisons pour lesquelles on m'a transféré dans les locaux de la police judiciaire.

Un des policiers qui avait assisté aux perquisitions s'installe devant son ordinateur. Il m'indique que, compte tenu de l'heure tardive, il se contentera d'établir le « procès-verbal de personnalité » et reprendra l'audition sur le fond « demain ».

— Demain ? Vous voulez dire que je vais passer la nuit ici ?

— Non. On va vous transférer au 13e arrondissement. Ici, nous ne disposons pas du personnel de surveillance des gardés à vue pendant la nuit.

À cet instant précis, j'aurais dû prendre conscience de la gravité de la situation. Commencer à m'interroger, à m'inquiéter. Non. Je veux encore croire qu'il s'agit d'une méprise. La perspective de passer la nuit au dépôt ne m'enchante que très modérément, mais si c'est le prix à payer pour que les choses s'éclaircissent... J'en serai quitte pour une mauvaise nuit, une bonne douche en rentrant chez moi, et le souvenir d'une expérience insolite. J'étais idiot !

Sans jamais se départir d'une extrême courtoisie et d'un sourire bienveillant, l'OPJ me fait décliner mes nom, prénoms, date de naissance, noms et prénoms, dates de naissance des père et mère, profession des parents, nombre de frères et sœurs, parcours universitaire, parcours professionnel, situation de famille, mariage, divorce, enfants, revenus, patrimoine... tout y passe.

De temps en temps, le commissaire fait une apparition pour s'assurer que tout se déroule sans incident. Il me voit parfaitement serein et décontracté, toujours en proie à ma tenace illusion.

À l'issue de l'interrogatoire, deux policiers, qui ont eux aussi assisté aux perquisitions, viennent me chercher pour me conduire au commissariat du 13e arrondissement. Pendant le trajet, je les interroge sur le centre d'hébergement. Je comprends que l'accueil réservé aux gardés à vue dépend essentiellement du chef de poste de service. Je fais sa connaissance. C'est un homme d'une quarantaine d'années, d'aspect juvénile et qui nous reçoit avec la plus grande amabilité. Peu habitué à la fréquentation des commissariats, je jette un regard circulaire. Une pièce vivement éclairée, fermée par une immense vitre sur toute la surface, attire mon regard. Deux ou trois hommes plus ou moins dépenaillés dorment allongés sur des bancs accolés aux murs tout autour de la pièce.

J'ai un mouvement de recul.

— Vous n'allez tout de même pas me faire dormir là-dedans ?

L'un des deux OPJ prend le chef de poste à part et l'entraîne dans un bureau. Au bout de quelques minutes, celui-ci me conduit dans une « cellule de dégrisement » particulièrement sinistre. Une pièce aux murs en ciment grisâtre, carrelée au sol, dotée d'un banc en béton destiné à servir de lit, et une porte vitrée sur toute sa surface permettant de surveiller l'occupant de l'extérieur.

— Désolé. C'est pas terrible, je sais, mais c'est tout ce dont je dispose. Au moins, ici, vous serez tranquille.

Je m'allonge sur le béton pour tenter de dormir, mon trois-quarts en cuir roulé sous ma tête en guise d'oreiller.

Les heures, interminables, s'égrènent sans une minute de sommeil. La lumière brille toute la nuit. Le froid du béton me pénètre. Les bruits de pas et de voix des policiers ne cessent de retentir. Le chef de poste vient me voir plusieurs fois pendant la nuit, ouvrant la porte pour discuter quelques instants, m'apportant un verre d'eau ou me laissant fumer une cigarette. Brefs moments de réconfort entrecoupant cette nuit que je vis à la façon dont on fait une curieuse expérience. Sans plus.

Cette expérience-là, j'en avais souvent parlé avec des clients qui l'avaient vécue. Tous m'avaient décrit la brutalité de l'effondrement de leur univers, la plongée soudaine dans un milieu totalement étranger, le traumatisme, l'angoisse de la chute dans l'inconnu. Je n'éprouve aucun sentiment de cette nature tant je suis certain que tout va s'arranger au plus vite. N'ayant commis aucun délit, rien de fâcheux ne peut m'arriver. Dans l'inconfort, certes, mais sans inquiétude, j'attends que le jour dissipe le malentendu dont je suis victime.

8

Ma longue nuit sans sommeil me donne tout le temps de revivre minute par minute les perquisitions à mon cabinet et à mon domicile. Dès les premières questions du juge, à peine avait-il franchi la porte de mon appartement, j'ai compris que je devais cette gâterie à l'administration fiscale, informée par un zélé dénonciateur anonyme. La diversité, la précision des questions du juge ciblées sur des points sans rapport entre eux, sauf à lui reconnaître un énorme talent divinatoire, ne laissait aucun doute. On lui avait communiqué tout ce qui aux yeux du dénonciateur devait être l'objet d'investigations.

Depuis que j'exerce mon métier, je n'ai jamais hésité à me heurter à la direction générale des impôts (DGI) avec fermeté, pour ne pas dire davantage parfois, lorsque cela m'a paru nécessaire. Sans courbettes, dans l'espoir de petits arrangements transactionnels du genre « on coupe la poire en deux ». Convaincu que dans la plupart des cas, lorsque l'administration veut négocier, ce n'est jamais par générosité ou équité, mais parce qu'elle pense être en position de faiblesse et ne pouvoir persister à soutenir ses positions. Certains de mes confrères se montrent plus accommodants avec elle. Je n'ai de leçons à donner à personne et je ne les blâme nullement. Ils n'ont pas ma conception de l'approche de l'administration. Il faut bien reconnaître que les procédures sont si lourdes, si onéreuses et si longues que la tentation est grande de se rapprocher des services fiscaux afin de rechercher un arrangement pour en finir, et abréger les angoisses de la personne vérifiée, vécues parfois comme un véritable cancer qui ronge jour après jour. D'autant que le fisc réclame parfois des sommes vertigineuses, sans rapport avec les possibilités du contribuable, et qui lui donnent l'impression qu'il est perdu corps et biens.

Cet effet pervers peut créer, dans certains cas, une préoccupation lancinante dont on souhaite être délivré le plus tôt possible. Pour y parvenir, on est amené à aller au-devant de l'administration. Des affaires interminables obèrent des existences entières. Comme l'Église, l'administration a l'éternité devant elle. Par nature, une procédure de contentieux de l'impôt est très longue. Un de mes clients a dû batailler pendant dix-sept ans pour avoir gain de cause. Peut-on encore parler de justice quand il faut batailler pendant dix-sept ans pour faire valoir ses droits ? Il s'est fait introniser dans le *Livre des records.* À l'évidence, cette interminable attente pèse lourdement sur la vie quotidienne de ceux qui la subissent, et parfois sur leur santé. Dans une autre affaire qui a connu la même longévité, enfin réglée à Versailles il y a deux ans, la fille du contribuable, qui doit avoir une trentaine d'années aujourd'hui, m'a dit : « Je n'arrive pas à y croire ! J'ai vécu toute mon enfance en n'entendant parler que de ça ! »

Certes, ses parents n'avaient pas payé la somme exorbitante réclamée, mais l'hypothèque prise par le fisc sur la maison lui avait fait éprouver, pendant toute sa jeunesse, la crainte de voir disparaître la maison familiale. Quant à son père, il a quitté ce monde sans avoir connu l'issue de la procédure.

Je me suis toujours refusé à mélanger les genres, partant du principe que l'administration fait son travail et doit en assumer la charge et le risque, estimant que je n'ai pas à collaborer, à lui fournir d'éléments propres à faciliter sa tâche. Je sais par expérience que le dialogue, présenté comme une garantie fondamentale des droits du contribuable, peut se révéler un piège. Il peut être l'occasion pour l'administration d'obtenir des informations, de se voir apporter sur un plateau des renseignements qu'elle ignore. Discuter avec le fisc ? Certes, mais lorsqu'il a abattu son jeu, énoncé ses prétentions, fait valoir son argumentation... Un débat prématuré peut lui permettre de les affiner avant de les développer et que l'on puisse les lui opposer. La procédure fiscale est écrite. Elle ne contraint pas le contribuable au dialogue. Je suis souvent amené à le rappeler à l'administration en exigeant une application stricte du droit qu'elle a trop tendance à méconnaître. Mais si je le fais parfois avec vigueur et même avec véhémence, je me suis toujours efforcé de rester dans le cadre de ma fonction. Tous mes confrères qui représentent l'administration peuvent en témoigner.

Il est vrai qu'aux yeux de certains, j'ai commis une mauvaise action, peut-être même un crime. Ancien de l'administration, ils considèrent comme une trahison les positions que j'ai prises publiquement, à de nombreuses reprises, contre ce que j'analyse comme une dérive de certains services de la DGI. Avec une audace que d'aucuns qualifient d'outrecuidance, j'ai osé m'arroger la liberté de mettre en cause dans la presse les principes sur lesquels repose le contrôle fiscal.

J'en contestais et continue à en contester l'efficacité. Elle est, en tout cas, sans commune mesure avec les dommages infligés à certains contribuables qui, confrontés à l'arbitraire et n'ayant pas la possibilité de faire valoir leurs droits, en ont été anéantis. Je ne parle pas là des suicides qui sont heureusement rarissimes. Lorsqu'un homme met fin à ses jours, c'est pour des raisons plus complexes qu'un simple contrôle fiscal. Il n'est jamais que la goutte d'eau faisant déborder le vase. Je n'en ai pas moins connu beaucoup de drames, d'existences définitivement bouleversées à la suite de redressements fiscaux infondés. Jour après jour, ceux-ci vous habitent tous les instants, sans thérapie envisageable, avec le sentiment de se trouver confronté à un Léviathan implacable. J'ai été choqué par l'insensibilité de l'administration confrontée aux situations désespérées qu'elle ne veut surtout pas voir évoquées sur la place publique. Pour perdurer, l'irresponsabilité a besoin du secret.

L'agacement que provoquait mon franc-parler se transforma en exaspération lorsque je commençai à dire haut et fort que le contrôle fiscal avait pour seul objectif de permettre à l'administration de produire ostensiblement des statistiques flatteuses, justifiant ainsi sa raison d'être et ses demandes constantes d'accroissement de pouvoirs. J'ajoutais, grief impardonnable, qu'elle le fait au détriment des citoyens et au prix d'une atteinte insidieuse à leurs libertés.

Les hauts fonctionnaires des impôts s'étouffent d'indignation quand je les rappelle à la modestie. Ces Tartarins du fisc se targuent de leur tableau de chasse et j'ose dire que, comme leur modèle, le sport qu'ils pratiquent est la chasse à la casquette ! De leur propre aveu, la fraude traquée avec tant de zèle n'a pas été éradiquée. Pourquoi ? Ne pouvant une seconde accepter que leur travail soit mis en cause, ils invoquent le « manque de moyens ». Quoi de plus naturel ? C'est toujours la raison que donne de ses échecs une administration incapable de s'interroger sur ses agents ou sur ses méthodes. Ces prises de position m'ont valu l'hostilité d'un certain nombre de fonctionnaires, dont je suis devenu, au fil des ans, la bête noire. Je savais que certains d'entre eux « voulaient ma peau ». Plusieurs de mes confrères en avaient reçu la confidence et me l'avaient rapportée. Ils ne supportaient pas qu'un trublion, fût-il avocat, pût s'arroger le droit de les contester. Mon sacrilège porte atteinte au credo de « l'administration que le monde nous envie ». À quoi sert-il de « faire l'ENA » si l'on ne devient pas infaillible ?

À l'occasion de débats télévisés ou radiophoniques, il m'est souvent arrivé de soutenir que, pour pouvoir apprécier la réalité du contrôle fiscal, l'administration se devrait de publier le montant des droits notifiés, afin de comparer les prétentions initiales du fisc avec les rappels finalement maintenus après épuisement des procédures de recours ainsi qu'avec les droits réellement recouvrés par le Trésor. Or, les deux chiffres sont sans commune mesure !

Enfin, je confesse avoir proféré le blasphème suprême, celui pour lequel, tel le chevalier de La

Barre, je devrais avoir la langue coupée. J'ai osé dire que la seule façon de supprimer la fraude fiscale est de lui ôter tout intérêt en atténuant le poids de l'impôt. Comment soutenir publiquement que la lutte contre la fraude passe par la redéfinition du rôle de l'État et de l'administration ? Si l'impôt n'était pas si écrasant, la fraude cesserait d'offrir un avantage significatif et elle disparaîtrait aussitôt en tant que sport national pour devenir un phénomène marginal. Jamais un contribuable ne prendrait le risque de se retrouver en correctionnelle si l'enjeu n'était considérable. Dans un système confiscatoire comme le nôtre, où l'on est allé jusqu'à dépouiller le citoyen de 72 % de ses revenus — nous en sommes à 57 % —, il est évident que l'espérance d'un gain important, jointe au sentiment de révolte qu'engendre toujours chez un homme le sentiment qu'il est dépouillé au-delà du raisonnable, sont de puissantes incitations à la fraude.

Michel Charzat, député de Paris, proche de Laurent Fabius, ne dit pas autre chose dans son rapport sur « l'attractivité du territoire français » lorsqu'il alerte nos politiques en les invitant à ne pas trop s'éloigner des standards internationaux en matière de prélèvements obligatoires, de façon à ne pas décourager les étrangers de venir s'installer chez nous et à éviter que notre élite vote avec son passeport. Mais je ne suis pas chargé de donner mon avis. De quoi me mêlais-je en rappelant ce qui est pourtant inscrit dans la Déclaration des droits de l'homme, partie intégrante de notre Constitution ? « Tous les citoyens ont le droit de constater par eux-mêmes la nécessité de la contribution publique, de la consentir librement, d'en suivre l'emploi et d'en déterminer la quotité, l'assiette, le recouvrement et la durée. »

Il y a quelques années, avant d'entrer sur le plateau de l'émission « Droit de réponse » de Michel Polac consacrée au contrôle fiscal, Henri Emmanuelli, alors secrétaire d'État au Budget, m'avait salué par un sonore : « Alors, c'est vous qui dites des choses ? » En fait, je disais ce que je pensais, le plus simplement et le plus naturellement du monde. Citoyen d'une démocratie, vivant sous un régime de liberté, j'imaginais en avoir le droit. Je me trompais. Malheur à celui par qui le scandale arrive !

Il est, en France, des sujets proscrits, des tabous que nul ne peut violer impunément. C'est le cas des pouvoirs de l'administration et, plus que toute autre, de l'administration fiscale. Robert Baconnier, qui avait été directeur général des impôts de 1986 à 1989, me rappela un jour l'existence de cette ligne jaune à ne franchir en aucun cas, lors de l'émission télévisée en direct « Star à la barre » pendant laquelle Alain Barrière avait été mis sur le gril. « Vous n'avez pas le droit de parler du contrôle fiscal. Vous portez tort à l'État ! » La superbe réplique ! Le malheureux se rendit compte aussitôt de l'énormité de sa gaffe. Pourtant, il n'avait fait que se laisser aller, dans le feu de l'action, à révéler à haute et intelligible voix ce que pensait la DGI, ce qui se disait dans le silence feutré des bureaux de Bercy. Je ne l'avais pas raté : « Sommes-nous déjà dans un pays où les fonctionnaires décident des sujets qui peuvent être débattus et de ceux qui sont interdits ? » lui avais-je demandé.

Robert Baconnier a quitté ses fonctions un peu plus tard. Fort de sa nouvelle expérience, il a changé de langage depuis qu'il a pris son poste de président du directoire de Francis Lefebvre. Lorsque j'ai lu ses déclarations au *Figaro Magazine*, j'ai eu l'immodeste fierté d'avoir fait un disciple. J'avais l'impression de m'entendre : « Il y a, au sein de l'administration fiscale, une tendance perverse au culte de la fiche, à la recherche du carton. Certains agents veulent faire du chiffre, pour améliorer les statistiques du contrôle fiscal et, par là même, leur notation. »

Je ne saurais mieux dire. Robert Baconnier poursuit : « Par une fâcheuse dérive, le culte de la statistique est imprimé au plus haut de la hiérarchie. Chaque année, le ministre de l'Économie ne se félicite-t-il pas des chiffres records des redressements ? Tant que l'on se vantera de ces résultats, tant que l'on se glorifiera de leur augmentation d'une année sur l'autre, on confortera les comportements déviants de certains agents des impôts. »

Je ne résiste pas au plaisir de citer la suite : « Les statistiques n'ont aucune valeur en tant que telles. Il faudrait faire la part des redressements encaissés et de ceux qui, dix ans plus tard, seront annulés au contentieux. » Que disais-je d'autre depuis des années ? En passant de l'autre côté de la barrière, le haut fonctionnaire avait changé d'univers et de références. Il avait fini par voir la dérive de ses anciens services, à laquelle il refusait de croire et dont la seule mention le choquait si fort naguère. Homme de grande qualité, il m'a pardonné, je l'espère, de lui avoir dit cruellement un jour qu'il ne savait pas ce qui se passait dans sa propre maison.

Il se montrait particulièrement irrité par la question de la répression pénale de la fraude fiscale. Il n'aimait pas entendre dire que son administration exerçait dans ce domaine une véritable justice retenue. Pourtant, en matière de fraude fiscale, le parquet ne peut poursuivre s'il n'est préalablement saisi d'une plainte des services fiscaux. Pouvoir exorbitant très représentatif du régime particulier dont l'administration fiscale a bénéficié de tous temps. La DGI choisit ses cibles selon d'obscurs critères qu'elle n'a pas à justifier, ce dont les tribunaux s'étonnent de temps à autre. Je me rappelle l'agacement de la présidente d'un tribunal constatant que le prévenu avait dix-neuf ans au moment des faits. Il lui était reproché de ne pas avoir souscrit sa déclaration de revenus. Il lui paraissait que les sanctions fiscales auraient été suffisantes en qualité d'avertissement. La direction concernée n'avait sans doute pas rempli son quota de propositions de plaintes cette année-là. Celles-ci, déposées de manière erratique pendant de nombreuses années, avant que les poursuites pénales ne s'accroissent significativement, les agents du fisc persistent à privilégier les poursuites contre les célébrités généralement vérifiées par la direction nationale des vérifications de situations fiscales.

Service de pointe du contrôle fiscal disposant d'une compétence couvrant tout le territoire, la DNVSF a une méthode de travail d'une grande efficacité. Elle étend ses investigations à tout ce qui entoure sa cible. Plutôt qu'un travail ponctuel et nécessairement fragmentaire, il s'agit donc d'un examen d'une situation dans tous ses aspects fiscaux. Sur un peu plus de cinquante mille vérifications annuelles, les services fiscaux déposent environ huit cent cinquante plaintes. La DNVSF est la grande pourvoyeuse des poursuites pénales. Les notoriétés ficelées fiscalement par la DNVSF permettent de « faire des exemples » largement médiatisés, les tribunaux ordonnant la publication dans la presse aux frais du condamné. Survivance du pilori. Véritable politique de l'otage. Mieux valait, selon la politique répressive de l'époque, frapper Guy Lux, Patrick Sabatier ou Charles Aznavour qu'un inconnu. Aujourd'hui encore, pour des faits identiques, un personnage public a plus de chances — ou plutôt de risques — qu'un inconnu de se retrouver en correctionnelle. La fraude fiscale est le seul délit à propos duquel le délinquant peut être désigné à la répression pour d'autres raisons que le délit lui-même, notamment au motif de sa notoriété. C'est évidemment contraire au principe d'égalité des citoyens devant la loi. S'il est avéré, ce délit, tout de fraude fiscale qu'il est, doit être réprimé comme tous les autres, selon le droit commun et non à la tête du client.

Autre particularité : avant de pouvoir engager des poursuites correctionnelles, le ministre doit saisir la commission des infractions fiscales qui doit rendre un avis favorable sans avoir à motiver sa décision. Dans les faits, les dossiers qui lui sont transmis sont soigneusement sélectionnés. Le contribuable n'a pas accès au dossier transmis par l'administration. Il est invité à faire valoir ses observations par écrit sur un dossier qui lui est occulté. Encore une bizarrerie propre au fisc. Étrange conception du débat loyal et contradictoire ! Du sévère filtrage opéré par la DGI, il résulte que l'avis de la commission sur l'opportunité des poursuites envisagées est systématiquement favorable ; il s'agit en réalité d'une chambre d'enregistrement des volontés du fisc. Elle a pour seul intérêt de lui permettre d'éviter toute responsabilité en se réfugiant derrière l'avis de la commission. Si une telle commission doit exister — ce qui reste à démontrer —, ne serait-il pas plus sain qu'elle soit saisie de tous les dossiers ayant donné lieu à l'application des pénalités de mauvaise foi et décide elle-même d'un éventuel dépôt de plainte ?

Les poursuites pour fraude fiscale ne donnent jamais lieu à une instruction. Il n'est pas contestable que, dans la plupart des affaires soumises au tribunal, le délit de fraude fiscale est avéré. Mais il subsiste des cas où il y a vraiment lieu de débattre au fond. Or, à défaut d'instruction, les faits allégués par l'administration ne sont l'objet d'aucune investigation réelle. L'enquête préliminaire est plus que sommaire et ne mérite pas son nom. L'accusé est entendu souvent pour la forme par l'officier de police qui en est chargé. Il m'est arrivé de plaider dans une affaire où le procès-verbal comportait dix-sept lignes, ce qui avait conduit le substitut à reconnaître par euphémisme que « l'on souffrait dans cette affaire d'un déficit d'informations » ! En fait, comme toute administration, celle des impôts bénéficie d'une double présomption : honnêteté et infaillibilité. Ce qu'elle avance est parole d'Évangile. Les professionnels reconnaissent unanimement que le prévenu de fraude fiscale comparaît devant le tribunal en état d'infériorité et court le risque de se voir condamner sur les seuls éléments produits par son accusateur.

Pourtant, dès lors que la fraude fiscale est considérée comme un délit, celui-ci doit être sanctionné selon les règles de droit commun, par les voies judiciaires ordinaires, comme le sont tous les autres délits. Pourquoi la répression de la fraude fiscale obéit-elle à un traitement particulier devant les tribunaux judiciaires, caractérisé, dans les faits, par un renversement de la charge de la preuve. Pourquoi ? Parce que l'administration des impôts, exerçant une justice privée sur ses terres comme les hobereaux du temps jadis, entend tirer bénéfice de la technicité sans faille et de l'honnêteté scrupuleuse dont on la crédite a priori, au motif de l'apparente rigueur de ses affirmations. Elle dit le vrai et le juste. C'est donc au contribuable de démontrer que tel n'est pas le cas. En outre, elle ne souhaite pas voir la justice, administration qu'elle ne contrôle pas, s'immiscer dans ses affaires et, le cas échéant, lui demander des comptes.

Il faudra sans doute attendre encore quelque temps avant que Robert Baconnier me rejoigne aussi sur ce point et engage dans le débat son autorité personnelle et celle de Francis Lefebvre. D'ores et déjà, il admet que le contrôle fiscal ne recherche ni ne réprime la vraie fraude : « Et puis, de quoi parle-t-on ? demande-t-il. De la vraie fraude fiscale ou de simples erreurs d'amortissements ou de provisions ? » Je ne désespère pas de le voir bientôt nous livrer un précieux manuel sur la bonne façon de lutter contre la fraude. On ne peut le faire que par des moyens qu'aucun politique n'a jamais eu le courage d'assumer. Il est tellement plus commode d'utiliser les chiffres comme un succédané de l'action.

Une trentaine de peines de prison ferme sont prononcées chaque année sur un millier de décisions. Outre les cas de récidive, elles concernent des cas où le délit de fraude fiscale est d'une particulière gravité. On n'incarcère pas en France, du moins pas encore, au seul motif d'une fraude « ordinaire ».

Sauf cas exceptionnel où la rigueur s'explique par l'importance hors du commun des sommes en cause, comme la condamnation récente à cinq ans de prison ferme d'un garagiste fraudeur qui s'était fait rembourser par l'État la somme colossale de 600 millions de francs de TVA par le moyen d'exportations fictives. Sauf manœuvres frauduleuses particulièrement sophistiquées et de grande envergure, le sursis est de règle. Les tribunaux se montrent réticents à prononcer des peines fermes qui auraient pour effet de rétablir au profit de l'État la prison pour dettes. D'ailleurs, il est tout à fait avisé d'assortir la peine du sursis. Celui-ci a valeur de mise en garde contre la récidive. Mais je crains fort que cette position intelligente et efficace soit un jour effacée par le durcissement en cours de la répression de la délinquance en col blanc.

Telles étaient mes prises de position et la conception de ma stratégie dans les dossiers que mes clients voulaient bien me confier. Elles me valaient la vive hostilité de quelques fonctionnaires, notamment à la DNVSF où je me savais de farouches inimitiés.

9

Le chef de poste vient me chercher. Je crois que, ce mardi matin 4 juillet, je vais retourner à la brigade financière. Tant mieux, je n'aurai pas de peine à me justifier, on en finira avant la fin de la matinée. Les deux policiers qui m'ont accompagné la veille m'attendent à la réception.

— On va à votre cabinet. Le juge veut faire une nouvelle perquisition.

— Une troisième perquisition ? Mais à quoi bon ? Il en a fait deux hier, à mon bureau et chez moi !

J'ai quelque raison de m'étonner puisque les dossiers d'Henri Benhamou et de la société qui lui a vendu l'appartement ont été consultés à loisir. Tout ce qui aux yeux du juge pouvait sembler avoir un lien quelconque avec le blanchiment dont il est saisi a été répertorié et emporté. Quel peut bien être l'intérêt de cette nouvelle visite ?

Nous arrivons sur les lieux à 10 h 25. Prévenants, les policiers se sont abstenus d'ameuter le quartier contre le grand criminel qu'ils ont capturé. Ils ont spontanément arrêté sirène et gyrophare à quelques centaines de mètres de mon cabinet. Il y a déjà foule : le couple inséparable Philippe et Isabelle, la substitut du procureur, un membre du conseil de l'Ordre et quelques policiers de la BRIF. Dès qu'il m'aperçoit, le juge Courroye me demande le dossier de la SCI propriétaire de l'appartement que j'occupe. C'était donc cela ! Mais quel rapport ce dossier a-t-il avec l'affaire Benhamou dont il est uniquement saisi par le réquisitoire supplétif du 3 juillet ? Mystère. Pas grave, on continue !

De quoi s'agit-il ? D'une affaire d'appartement d'une banale limpidité aux yeux d'un professionnel mais qui peut paraître complexe au lecteur moins averti. Une société civile immobilière a été constituée, en 1995, pour acquérir l'appartement qu'habitaient alors l'épouse et les deux filles d'Arcadi Gaydamak, client de mon cabinet. Elles avaient déménagé en 1997. À l'occasion d'un rendez-vous à mon cabinet lors d'un de ses passages à Paris, Arcadi Gaydamak m'avait indiqué que l'appartement allait être vendu. Il me convenait parfaitement par sa situation proche de mon cabinet. Je pris contact avec le gestionnaire de la société propriétaire et, après plusieurs mois de négociations, nous trouvâmes finalement un accord optimisant fiscalement de manière tout à fait légale le montage juridique, lui-même tout aussi légal, mis en place par mes vendeurs. L'économie d'impôts était d'importance. Je reviendrai plus loin sur les détails techniques.

Philippe Courroye demande également à consulter mes relevés bancaires et mon dossier fiscal dont Isabelle Prévost-Desprez prend en charge l'examen. Au bout de quelques instants, je l'entends enjoindre à la greffière sur un ton sentencieux :

— Veuillez noter que Me Guilloux n'était pas imposable de 1991 à 1995.

Et pour cause ! j'avais bénéficié des déductions sur mes revenus instituées par la loi Pons du fait de mes investissements industriels et commerciaux réalisés aux Antilles, et l'intégralité de mes revenus avait bien été déclarée. Cela avait été authentifié par les services fiscaux qui m'avaient vérifié sur cette période.

L'observation de la juge confirme ce que j'ai cru comprendre la veille. Je dois ce remue-ménage à la vengeance de l'administration fiscale. Toute équivoque sera d'ailleurs définitivement dissipée dès le 7 juillet, lorsque les policiers entendront comme témoins deux secrétaires qui avaient quitté mon cabinet un an et demi avant que je fasse la connaissance d'Henri Benhamou. Ils auraient été bien en peine de donner des explications sur le blanchiment poursuivi. Le prétexte avait été fourni par une note manuscrite laissée par ma secrétaire à son collègue lui demandant, à la suite d'une cession de parts intervenue en 1996, de refaire les statuts de la SCI propriétaire de l'appartement en les « bidouillant ». Ce qui signifiait de faire un « coupé collé » en ne changeant que ce qui devait être modifié pour tenir compte des incidences de la cession des parts sans avoir à retaper l'ensemble. En réalité, les policiers leur demanderont si je me faisais payer en espèces, en œuvres d'art, ou sous quelque autre forme d'avantages en nature, ce à quoi ils répondront tous deux par la négative. Pourquoi ces deux secrétaires ? Peut-être quelqu'un avait-il susurré que l'on pensait notre séparation conflictuelle et que de ce fait ils seraient tentés de faire des confidences espérées embarrassantes pour moi. Le même jour, ma comptable subira le même interrogatoire, on lui demandera en passant de communiquer les contrats d'assurances de mes voitures afin que les juges s'assurent de la composition de mon parc automobile. Quel lien y a-t-il entre mes voitures et Henri Benhamou ? Ne m'aurait-on pas dénoncé comme l'heureux propriétaire de plusieurs voitures de luxe que j'ai été jadis ? Ce n'est malheureusement plus vrai depuis plusieurs années.

Je sais maintenant quel poisson cherchent à attraper mes pêcheurs à la ligne. Ils sont ici à la demande des services fiscaux, à la suite d'une dénonciation anonyme. Ils tentent de trouver les preuves des informations qui leur ont été transmises, afin de les adresser à leur tour aux agents du fisc pour exploitation ultérieure. Un membre de la DGI, assistant technique délégué au pôle financier, assiste d'ailleurs aux opérations. Trois jours plus tard, le 7 juillet, le juge Courroye, révélant ses intentions, fera saisir l'intégralité de mes dossiers fiscaux dans les différentes directions des impôts. Ce comportement a un nom. À mes yeux, c'est du détournement de procédure.

À 13 heures, la perquisition terminée, je suis ramené dans les locaux de la brigade financière. Mon audition sur le fond commence enfin. Les deux jeunes officiers de police qui m'ont accompagné la veille au commissariat du 13e arrondissement m'interrogent sans jamais laisser percer la moindre agressivité, la plus légère impatience, sans se départir, l'un et l'autre, d'une courtoise neutralité.

Le premier me questionne sur la vente de mon appartement à Henri Benhamou, pendant que son collègue consulte les pièces saisies relatives à ma résidence principale, tout en restant attentif aux questions et à mes réponses. De temps à autre, ce dernier se permet une observation parfois teintée d'ironie ou de surprise. À propos du prix d'achat de mon parking, il remarque que, dans sa région natale, c'est la valeur d'un petit appartement.

— Vous savez, dis-je, je travaille douze à treize heures par jour depuis plus de vingt ans.

La réaction est immédiate.

— Nous aussi. Mais pas pour le même salaire !

C'est dit sans amertume, comme une constatation un peu attristée.

— En tout cas, j'apprécie la façon dont vous travaillez. Envers moi, la police se comporte avec plus de courtoisie et de respect que la magistrature. Cela me change agréablement.

— Oh ! vous savez, nous ne sommes pas là pour porter des jugements. Seulement pour recueillir des faits.

De temps à autre, un homme d'une cinquantaine d'années, de forte corpulence, qui semble être le supérieur hiérarchique des policiers, entre dans le bureau. D'un signe, il invite l'un ou l'autre à sortir le rejoindre. Il se tient informé du déroulement de l'interrogatoire pour en rendre compte au juge qui, au téléphone, prend connaissance de mes réponses et transmet ses instructions. Je crois l'entendre, fébrile, au bout du fil : « Demandez-lui ceci et cela ! Qu'a-t-il répondu ? Insistez. Il va finir par craquer ! »

Je comprends, à l'attitude des policiers, que ces appels incessants les agacent. Le juge ne leur laisse aucune latitude dans la conduite de l'interrogatoire. C'est lui le maître de la procédure, le seul patron, et les policiers ne sont jamais que ses instruments. Ils posent les questions qu'il leur dicte. De toute évidence, ils supportent difficilement d'être considérés comme de simples exécutants.

— Vous voilà promus dactylos, dis-je. Gare au patron !

Ils ne trouvent pas la plaisanterie de très bon goût, marris qu'ils sont d'être traités avec tant de désinvolture. Ils ont une autre idée de leur mission. L'un d'eux dira le lendemain, n'en pouvant plus : « Si un jour nous étions rattachés au ministère de la Justice, je demanderais tout de suite ma mutation ! » Il n'a pas compris que c'est affaire d'homme plus que d'institution. Moi, je sais que certains juges se complaisent dans leur toute-puissance.

Le premier policier qui m'interroge grommelle sans cesse. Il se plaint de la journée qui s'annonce longue, des jours de congés en retard qui s'accumulent et qu'il doute de pouvoir récupérer. Il peste contre la complexité du dossier, contre moi qui ai réponse à tout, ce qui ne facilite pas sa tâche. Rapidement, je l'affuble du sobriquet de « Marmotteur ». Il le prendra sans acrimonie. Décidément, aux yeux de ces hommes, je dois apparaître comme un curieux phénomène. Je suis placé en garde à vue et ils savent, eux, ce qui va m'arriver dans quelques heures. Dans mon inconscience, je prends la liberté de plaisanter. Le second policier, qui se manifeste de temps à autre par une remarque ironique, est pour moi le « Persifleur ». Je le lui dis, et il me regarde avec étonnement.

— Rassurez-vous, ce n'est pas une insulte, bien au contraire, c'est plutôt un compliment.

Il est dubitatif. Quelques jours plus tard, je le reverrai à l'occasion d'une nouvelle perquisition et lui demanderai s'il a vérifié la signification de son sobriquet. Il acquiescera avec un sourire ironique : « Au cours de votre interrogatoire, vous m'aurez au moins appris quelque chose ! » Il mérite son surnom.

Les heures s'écoulent. Peu importe, ils ont tout leur temps et le mien ne compte guère. Je suis en leur pouvoir. Le sens de leurs questions m'échappe quelque peu. Je ne saisis toujours pas le lien qu'elles peuvent avoir avec le blanchiment reproché à Henri Benhamou et auquel on tente de m'associer. Contrairement à la loi, personne n'a pris la peine de me signifier les raisons de mon placement en garde à vue. Je ne les ai pas demandées, tant j'étais convaincu que cette simple formalité serait vite expédiée. Or, ma garde à vue dure depuis un peu plus de vingt-quatre heures. Faut-il que j'aie été sûr de mon bon droit pour me laisser faire aussi passivement !

Ma situation familiale semble passionner les deux OPJ. Suis-je bien divorcé ? Est-il certain que je ne vis pas en concubinage avec mon ex-épouse ? Notre divorce, prononcé en 1988, ne serait-il pas un « divorce fiscal », comme il sera dit à Joëlle plus tard ? Lors de la perquisition à mon domicile, le juge a mis la main sur deux ou trois correspondances qui lui étaient adressées par sa banque de Neuilly où elle avait conservé un compte. C'est louche ! Je dois expliquer ce qui ne regarde personne d'autre que nous : nous avons un mode de vie qui nous convient parfaitement. Nous passons environ le tiers de notre temps ensemble. Pour le reste, elle habite chez elle et moi chez moi. L'équilibre familial est parfait et nous entretenons les meilleures relations du monde.

En quoi cela peut-il intéresser les magistrats qui enquêtent sur le blanchiment reproché à Henri Benhamou ? Pourquoi dois-je exposer en long et en large que Joëlle, en 1991, a fait construire et a exploité un hôtel à Lannion sous la belle enseigne du Graal ? Qu'après l'avoir vendu en 1997, elle a regagné la région parisienne ? Qui a besoin de savoir que nous avons partagé le même appartement en 1998, année où elle a acheté, avec l'argent de la vente de l'hôtel, une maison à Bourron-Marlotte, près de Fontainebleau ? Dans quel pays sommes-nous pour qu'on fouille de cette façon dans la vie privée ? Et surtout, qu'est-ce que tout cela a à voir avec l'affaire qui, en principe, est la seule raison de ma longue conversation forcée avec le Marmotteur aidé du Persifleur ? Je signifie au premier qu'à mon sens, l'État, sauf à dire clairement qu'il s'agit d'un État autoritaire, n'a pas à se mêler de la vie privée des citoyens. Je ne commets, à ma connaissance, aucun délit en n'étant pas à couteaux tirés avec mon ex-épouse !

— Nous sommes en train de jouer du Feydeau ! J'ai l'impression que vous m'accusez du délit de concubinage notoire avec Joëlle. Je vous signale que cela ne figure pas encore dans le code pénal !

Peine perdue ! Les heures s'égrènent et les questions restent les mêmes. Le Marmotteur marmotte et le Persifleur persifle en poursuivant la consultation des scellés, interrompue par quelques commentaires sur les questions de son collègue ou observations sur les pièces qu'il examine une à une.

Nous abordons enfin le sujet pour lequel je suis officiellement devant eux : mes rapports avec Henri Benhamou. Le Marmotteur me présente une déclaration de prêt préparée par mon cabinet et signée par son frère et lui en mars 1999.

Je lui explique qu'à l'occasion de l'audit de la situation fiscale d'Henri Benhamou, mon collaborateur Jacques Faure, qui suivait son dossier, avait constaté une importante rentrée de fonds sur un compte d'épargne en fin d'année 1997. Celle-ci provenait de la vente d'un appartement qu'il détenait à travers une SCI dans laquelle il était associé avec son frère. La déclaration de prêt était manuscrite, de la main de Jacques Faure. Tout était clair, parfaitement vérifiable très rapidement, sans aucune sorte de difficulté.

— Peut-être, mais cette déclaration de prêt est un faux !

Je crois rêver.

— Qu'est-ce qui vous permet de dire ça ?

— En 1998, on ne trouve aucune somme créditée sur le compte d'Henri Benhamou et correspondant à cette déclaration de prêt.

— Mais c'est normal ! Cela s'est passé cinq ans plus tôt, en 1993 !

L'OPJ prend note. Je crois enterrée l'idée saugrenue de qualifier de faux un document dont l'authenticité peut être vérifiée en quelques minutes. Il suffit d'interroger mon collaborateur, l'expert-comptable de la SCI chargé notamment par Henri Benhamou des formalités de sa liquidation en 1997, sans même parler des deux frères, et de consulter les comptes bancaires mouvementés.

L'OPJ ne peut contester que je ne suis pas l'auteur de la déclaration de prêt. Pour toute réponse, il me présente la lettre d'envoi de la déclaration de prêt au centre des impôts. Elle porte ma signature ! La belle affaire ! C'est normal, puisque je signe tout le courrier du cabinet. Mais elle a été dictée par mon collaborateur, comme en attestent ses initiales JF en référence.

Le policier note, sans faire de commentaire. Il est

visiblement embarrassé. Plus tard, je saurai pourquoi. Pour l'instant, toujours convaincu, à tort, qu'il n'y a pas dans tout cela de quoi fouetter un chat, je reste pleinement confiant dans l'issue de l'affaire. Je ne vois toujours pas se mettre en place la machine infernale destinée à me broyer alors qu'on me reconduit au commissariat du 13e arrondissement pour une seconde nuit de garde à vue.

10

Enfin, le matin du troisième et donc dernier jour de garde à vue se lève. Cette fois, on va me libérer ! Je suis à nouveau transféré au siège de la brigade financière. L'un des trois jeunes policiers en uniforme qui doivent m'accompagner prépare par habitude sa paire de menottes. Le même chef de poste qui m'avait accueilli le premier jour s'oppose à ce que je sois entravé.

À la BRIF, la noria des questions reprend. En fin de matinée, le Marmotteur me parle de Joëlle. Ce n'est pas un hasard mais une tactique. Classique du genre. Le crescendo de la pression va de pair avec l'accroissement de la fatigue. Je viens de connaître deux nuits sans sommeil. Je n'ai rien mangé depuis l'avant-veille, incapable d'ingurgiter les sandwiches que l'on me proposait. Dans le mécanisme bien huilé des interrogatoires, les proches servent à faire pression. Joëlle est mon point faible, et ils le savent. Peu importe qu'elle n'ait rien à voir dans cette affaire. Elle n'a jamais été au courant de ma vie professionnelle. Elle n'a rencontré Henri Benhamou qu'une seule fois, lorsqu'il nous a invités à dîner, fier de me montrer les travaux de remise en état de l'appartement. Jusque-là, estimant n'avoir rien à faire là ou je me trouvais, je subissais, sans récrimination, l'inconfort d'un moment désagréable. En dépit du temps écoulé depuis jeudi après-midi, je restais persuadé que tout allait nécessairement rentrer dans l'ordre rapidement. Mes interlocuteurs faisaient leur travail. Ils finiraient par comprendre. Mais soudain, c'en est trop !

Je suis mort de fatigue. La lassitude m'envahit. Une scène revient devant mes yeux. Joëlle faisant une chute sur une table en verre qui implose. Je la revois au milieu des débris tranchants comme des lames de rasoir. Elle perd son sang en abondance. Ce jour-là, mes enfants et moi avions failli la perdre. Les pompiers de Bourron-Marlotte, les urgences de l'hôpital de Fontainebleau, son opération à l'Hôtel-Dieu. Tout à coup, c'en est trop, j'en ai marre. J'explose.

— Qu'est-ce que c'est que cette histoire ? Que me reprochez-vous exactement ? Pourquoi cherchez-vous à me détruire ? Si seulement on m'expliquait pourquoi on me poursuit ! Quel crime ai-je bien pu commettre ? Je me tue à vous répéter que l'on soupçonne d'un délit un client de date récente que j'ai vu en tout et pour tout trois ou quatre fois avant qu'il soit lui-même placé en garde à vue. Je ne le connaissais pas avant le jour de la signature de la vente chez le notaire. Je ne connaissais même pas son existence ! Alors, qu'ai-je à voir là-dedans ? Qu'est-ce que l'on me veut à la fin ? On veut ma mort, c'est ça ? On veut que je me suicide ?

Les policiers sont stupéfaits. Jusqu'alors j'étais demeuré calme, pour ne pas dire décontracté. Je me lève pour faire les cent pas dans le bureau. Ils sont stupéfaits par le changement soudain de mon comportement. Et j'ai prononcé le mot de suicide. Les deux policiers se précipitent pour m'interdire l'accès aux fenêtres. En outre, au début de ma garde à vue, j'avais été examiné par un médecin. Sujet à risque sur le plan cardiaque, ils m'avaient régulièrement fourni les médicaments prescrits par mon cardiologue. Et si je leur claquais dans les mains ?

Immédiatement, on arrête tout.

— On va vous emmener à l'Hôtel-Dieu dans un service spécialisé.

— Non, c'est inutile. Vous voyez, j'ai retrouvé mon calme. Rassurez-vous, je n'ai pas l'intention de me jeter par une fenêtre !

Ils ont eu trop peur pour que je parvienne à les rassurer. À mon arrivée à l'hôpital, on me fait entrer dans une salle d'attente. Face à moi, un jeune Noir hébété est menotté dans le dos. Son jogging est enserré aux chevilles par ces rubans adhésifs dont se servent les déménageurs pour fermer les cartons. Je m'étonne de cet accoutrement auprès du policier qui monte la garde.

— C'est le laxatif qu'on lui a fait prendre de force. On attend l'effet.

Charmant ! Quelques minutes plus tard, une jeune femme médecin vient me chercher. Décomposé, affamé, au bord de l'effondrement nerveux, je dois avoir une drôle d'allure. Elle prend ma tension, me demande de m'allonger, puis exige que je sois examiné par son confrère psychiatre. Il arrive quelques minutes plus tard.

— Voyons, que se passe-t-il ?

— Il se passe que je ne comprends rien à ce qui m'arrive. J'ai le sentiment d'être pris dans une affaire qui me dépasse. On veut ma peau !

Il m'écoute et conclut que je présente tous les signes d'une anxiété majeure. C'est le moins qu'on puisse dire ! Totalement anéanti, l'avenir me paraît plus que sombre. Je ne me trompe pas.

Retour à la rue du Château-des-Rentiers. Les quarante-huit heures de garde à vue sont achevées depuis un quart d'heure. Le procès-verbal de levée est prêt. Le chef de groupe, le moustachu bien enrobé, qui apparaissait régulièrement dans le bureau où j'étais interrogé, me le présente. Je refuse de signer car il ne porte pas l'heure exacte.

— On est gentils avec vous et vous nous faites une crasse au dernier moment ! Que cela nous serve de leçon !

Curieuse réaction ! Dois-je signer un document qui comporte une inexactitude délibérée ? N'étant pas pénaliste, j'ignore si le dépassement des quarante-huit heures peut avoir ou non une conséquence sur la procédure. Je prends mes précautions. Cela s'avérera d'ailleurs sans intérêt.

Un nouvel épisode du feuilleton « Guilloux contre l'État français » commence. Nous voici maintenant partis pour le pôle financier, installé dans l'imposante pâtisserie 1900 de la rue des Italiens, ancien immeuble du journal *Le Monde*, où sont, depuis mars 1999, concentrés les magistrats spécialisés dans la répression de délinquance des milieux d'affaires. Je vis à nouveau l'expérience de la traversée de Paris en trombe, à grand renfort de sirènes et gyrophares, comme si l'on allait livrer aux juges Jack l'Éventreur en personne. Avant qu'ils me remettent à la garde des gendarmes de service, je remercie pour leur parfaite courtoisie les policiers qui m'accompagnent.

En leur serrant la main, je les appelle une dernière fois par leurs surnoms respectifs. Le Marmotteur grommelle. Il doit penser que j'en fais un peu trop. Pour ma part, je ne leur en veux pas le moins du monde. Ils n'avaient pas le choix. Ils ont fait ce qu'ils devaient faire. Je nuancerai mon jugement, quelques semaines plus tard, en prenant conscience de la manipulation, du « travail », comme on dit à la Santé, dont j'ai été victime. J'ai la certitude aujourd'hui qu'ils savaient que je n'étais pas un voyou, qu'aucun délit ne pouvait être sérieusement articulé contre moi. Ils étaient aux ordres, et ils ne pouvaient ignorer qu'on se servait d'eux. J'ai la certitude qu'ils désapprouvaient le rôle que le juge leur avait imposé. Ils connaissaient parfaitement le sort qu'on me réservait. On leur a demandé de m'interroger. Point à la ligne. Fonctionnaires dociles, ils ont obéi à l'administration comme les jésuites au pape, *« perinde ac cadaver »*.

Pourquoi aurais-je été inutilement agressif à leur égard ? Par moments, je sentais que leur rôle les mettait mal à l'aise. Ils savaient, au demeurant, que je ne leur avais pas raconté toute ma vie. À ce stade de la procédure, je n'avais pas dit être le bénéficiaire économique, c'est-à-dire le propriétaire, de la société Calvipan qui avait vendu l'appartement à Henri Benhamou. Lorsque, le 7 juillet, ils entendent mon ex-épouse, qui a elle aussi les honneurs de la garde à vue, ils lui disent qu'ils m'ont trouvé sympathique, mais que je me suis bien moqué d'eux.

Ils se trompent. Totalement étranger à l'affaire Benhamou, j'ai seulement estimé ne pas avoir à m'expliquer sur des faits qui ne regardaient que moi et ne pouvaient être appréciés comme une liberté prise avec le code pénal. Quoi qu'il en soit, nous nous serrons la main et ils me souhaitent bonne chance. Je persiste à croire qu'ils sont sincères. À l'occasion de ma troisième garde à vue, dans l'affaire de la cassette Méry, quelques mois plus tard, le Marmotteur viendra me saluer, accompagné par son collègue qui a procédé à l'interrogatoire initial de personnalité. Dans la détresse de ces pénibles moments, leur geste, je l'avoue, me fera plaisir.

Reste qu'ils se sont abstenus d'entendre Jacques Faure. Avaient-ils interdiction de le faire ? S'il avait été entendu, il aurait confirmé être l'auteur de la fameuse déclaration de prêt et fourni toutes les justifications démontrant qu'il ne s'agissait aucunement d'un faux. Il fallait un prétexte pour tenter de m'impliquer et justifier les perquisitions à mon cabinet, mon domicile et, dans la foulée, celles qui allaient suivre au domicile de Joëlle. En conséquence, il ne fallait à aucun prix que Jacques Faure témoigne. L'affaire se serait écroulée. Ou plus exactement, il n'y aurait jamais eu d'affaire.

Après une fouille rapide, les gendarmes me placent dans une minuscule cellule à la porte de verre. À nouveau, l'attente. Heures interminables, tête vide où ne tourne qu'une question : que va-t-il se passer ? Je n'en sais rien. Incapable de me concentrer, je n'arrive même pas à l'imaginer. Passif, j'attends.

Enfin, Michel Konitz apparaît. C'est mon avocat. Les deux magistrats lui ont fait faire antichambre pendant près de cinq heures avant de daigner enfin le recevoir. Cinq heures ! Ce n'est plus de la désinvolture mais un insupportable mépris des représentants de la défense.

Il faut choisir. Je peux accepter de m'expliquer immédiatement ou demander à être entendu ultérieurement après avoir pu me concerter avec mon conseil et avoir eu accès au dossier.

Pendant son interminable attente, Michel Konitz a vu passer Isabelle Prévost-Desprez dans le couloir. Elle lui avait indiqué qu'il y aurait débat contradictoire. En bon français, cela voulait dire que j'allais être placé sous mandat de dépôt et incarcéré le soir même. Puis, quand il a enfin pu accéder au juge Courroye consentant à le recevoir quelques minutes, mon défenseur a entendu un discours différent : « Si Guilloux s'explique de manière satisfaisante, tout reste ouvert, aucune décision n'est prise. » Michel Konitz estime donc que, si je m'explique, il n'y aura pas de débat contradictoire.

Je suis persuadé du contraire. Je n'ai pas oublié, lors de la perquisition à mon cabinet la veille, Isabelle Prévost-Desprez tendant un document à Mme Bauguion, substitut du procureur. Elle avait dit à voix suffisamment forte pour que je l'entende et avec une satisfaction non dissimulée : « Cette fois, il y va ! » avec un geste éloquent du plat de la main, les doigts tendus. Je ne saurai jamais de quel document il s'agissait. Peut-être avait-elle enfin trouvé l'adresse d'Ann'Sophie. Qu'importe, avant toute explication de ma part, c'était décidé, « j'y allais, tout droit ! ». Ils étaient là pour ça. J'y vais tout droit. C'est clair. Pourtant, Michel Konitz ne peut imaginer une quelconque duplicité du juge. La tradition du Palais de Justice voulant qu'il existe un minimum de confiance entre magistrats et avocats. Il tente de dissiper mon appréhension :

— Je pense que si tu t'expliques, si tu acceptes de reconnaître être le bénéficiaire économique de la société Calvipan, tu seras mis en examen et tu rentreras chez toi ce soir. Après, on verra. Je n'ai évidemment aucune certitude, mais j'en suis convaincu.

Tout en reconnaissant qu'il n'est pas « sûr à cent pour cent » de ce qu'il avance, il croit encore que le système obéit à des règles. Il n'a pas encore pris la juste mesure du changement de mentalité d'un certain nombre de juges. Je suis d'un tout autre avis. Le sort en est jeté, je le sais. Pourtant, je me raccroche sans trop y croire à cette lueur d'espoir.

Raconter au juge que je détiens la société Calvipan, c'est expliquer que je suis titulaire d'un compte à l'étranger, sur lequel le prix de vente de l'appartement a été finalement crédité après paiement de la plus-value en France. L'origine des fonds étant parfaitement licite, ai-je une raison déterminante de cacher l'existence du compte ? Je n'ai pas commis de délit en l'ouvrant, même si, il faut bien le reconnaître, détenir un compte au-delà de nos frontières n'est pas très bien vu.

— Fais ce qui te semble bon. Ta décision sera la mienne. Quoi qu'il arrive, elle sera bonne. Je ne comprends toujours pas de quoi je peux être mis en examen. Tout cela me paraît complètement fou. Il se passe quelque chose qui m'échappe. Je n'y comprends rien.

Michel Konitz hésite, puis tranche :

— Je remonte dire aux magistrats que tu veux t'expliquer.

Bel euphémisme. « S'expliquer », cela veut dire avouer. Il est des mots si lourds de conséquences qu'on évite de les prononcer. Dans mon état de délabrement, une chose me paraît certaine : si je ne comprends pas de quoi je peux être mis en examen, j'en saisis parfaitement les motivations, justifier une commission rogatoire internationale en direction de Genève, puisque le prix de vente a été versé à la société Calvipan en Suisse, pour avoir accès à mon compte. À cet égard, je n'ai rien à cacher, donc rien à redouter. C'est ce qui me traverse l'esprit, mais je ne suis pas en état de réfléchir.

Mon défenseur remonte voir les magistrats pour tenter d'échanger mes « explications » contre la renonciation à mon incarcération. Je n'envie guère les pénalistes souvent ravalés au niveau de marchands de peines contraints de « négocier » celles prononcées de fait par les juges d'instruction avant même le procès.

Au début de ma carrière, j'avais rencontré mon confrère Charles Robaglia, figure emblématique du palais qui a tout vu, tout vécu en un demi-siècle de vie de pénaliste. Avec son inimitable accent corse, il m'avait livré la grande leçon de sa carrière : « Tu sais, petit, le bon pénaliste c'est celui qui peut pénétrer dans les cabinets des juges d'instruction. Celui qui peut se vanter de les connaître, les approcher, leur parler, d'avoir leur confiance. C'est comme cela que tu fais sortir tes clients. Tu demandes au juge : "Qu'est-ce que vous voulez savoir ? Il vous le dit et vous le laissez sortir. D'accord ?" » Il savait que le premier risque était l'instruction, avec son corollaire, la détention provisoire, dont il est fait en France un usage parfaitement abusif. Contrairement au droit, la mesure d'exception est devenue la règle.

Le bon résultat, pour les pénalistes, c'est obtenir quelques années de moins que les réquisitions du parquet. Le mauvais, c'est une peine plus lourde. Quant à la relaxe, c'est un don du bon Dieu.

Je repense à cette philosophie pessimiste, dans ma cage, sur le banc où l'on me fait lanterner. Mon sort se joue là-haut, au cinquième étage. Les autres gardés à vue montent, chacun à leur tour, pour être présentés à leur juge d'instruction. Menottés, tenus en laisse comme des chiens par un gendarme qui tient l'extrémité d'un cordon en cuir accroché à la chaîne des menottes. Quelques minutes plus tard, ils redescendent, tendent un papier au chef de poste, reprennent leurs affaires placées dans une enveloppe à leur arrivée, et sortent immédiatement. J'ignore ce qui leur était reproché. En tout cas, le contrôle judiciaire a semblé suffisant à leurs magistrats respectifs. Je tombe dans la superstition infantile : « Si celui-ci sort, je reste. » Il sort. Pas bon signe ! « C'est un hasard, recommençons ! » Celui-là sort également. Tant mieux pour lui et tant pis pour moi ! Dans ces moments de désarroi, tout est bon à prendre.

Enfin, Michel Konitz redescend quelques minutes plus tard. Il ne peut rien me promettre, mais le magistrat lui paraît avoir été clair. Il est certain que ça va marcher. Il est accablé de me voir, moi qui suis son ami depuis tant d'années, dans cette situation qu'il sait imméritée. Contre toute logique, il espère encore l'impossible. Aurait-il fait la même analyse avec un client lambda ? C'est une dure épreuve que je lis sur son visage, que j'entends dans sa voix mal assurée.

— On va te faire monter dans quelques minutes. Je t'attends là-haut.

On me passe les menottes pour la première fois de ma vie. Jusque-là, ce procédé humiliant m'avait été épargné. Abruti de fatigue, je reste indifférent. Un jeune gendarme m'accompagne, en laisse, comme les autres, jusqu'au cabinet du juge. Le couple est là. Ils m'attendent, assis l'un à côté de l'autre, derrière l'unique bureau du cabinet de Philippe Courroye. On enlève mes menottes. Je m'assieds face à eux, la greffière sur ma droite, Michel Konitz à ma gauche. Il ouvre le feu :

— Comme je vous l'ai dit, monsieur le juge, M. Guilloux accepte de s'expliquer immédiatement.

L'interrogatoire commence par des questions sur la société Calvipan. Je reconnais immédiatement que j'en suis le bénéficiaire économique et, de ce fait, propriétaire de l'appartement qui a été vendu à Henri Benhamou. Nous abordons ensuite le paiement. Je reconnais être titulaire d'un compte à l'étranger, sur lequel le solde du prix, après paiement de la plus-value, a été versé. Suivent les questions sur le fonctionnement de mon compte. Comment était-il alimenté pour payer les charges de l'appartement, et notamment la fameuse taxe de 3 % sur la valeur vénale des immeubles détenus par des sociétés étrangères ? J'apporte les précisions souhaitées.

Michel Konitz pensait qu'on en resterait là. Il se trompait. Il a le sentiment d'avoir été manipulé dès que les questions du juge pleuvent à propos de l'appartement que j'occupe près de la place Victor-Hugo. Comment l'ai-je acheté ? À qui ? Comment ai-je pu obtenir des conditions qui lui paraissent anormalement favorables ? Dans l'esprit de Philippe Courroye, il n'y a pas l'ombre d'un doute : coupable ou non, il veut me mettre d'urgence hors circuit. Pourquoi ? La réponse me sera évidente quelques semaines plus tard.

J'ai accepté d'être interrogé pour prouver mon innocence. Quelle erreur ! Voyons, n'ai-je pas voulu m'enrichir, acquérir un patrimoine ? Je suis condamnable. Il me le dira, agressif et donneur de leçons, au cours de mon interrogatoire : « Moi monsieur, je n'ai jamais voulu être propriétaire d'un appartement de 250 mètres carrés dans le 17e ! » Sa remarque, très significative de son état d'esprit, ne figurera évidemment pas au procès-verbal. Ce n'est pas que dans les locaux de police qu'il faudrait installer des magnétophones.

J'ai voulu éviter l'incarcération. C'est la crainte lancinante sur laquelle jouent certains magistrats instructeurs qui en usent comme d'un terrifiant moyen de pression. Procédé d'un autre âge, retour au temps de la « question ». Terrorisé à l'idée de la prison, le comparant cherche à convaincre son interlocuteur. Funeste erreur ! La décision est déjà prise et toute explication inutile. Combien d'affaires, à défaut de preuves, reposent exclusivement sur des aveux. Pas d'aveux, pas d'affaire ! Le refrain est bien connu : « Avouez, reconnaissez les faits, et le tribunal en tiendra compte. Facilitez la tâche du tribunal en avouant votre culpabilité, il vous saura gré de votre attitude dans la fixation de la peine. »

Si j'avais un conseil à donner à un ami dans cette situation, c'est de ne jamais aller au-devant des questions, ni d'en susciter de nouvelles par des explications circonstanciées. Le magistrat demande l'heure ? On lui donne l'heure. On ne lui précise ni le jour, ni la semaine, ni le mois, ni l'année ; encore moins le temps qu'il faisait dehors ce jour-là. Le magistrat ne sera jamais un bienveillant confident. Les faits, uniquement les faits, évoqués dans leur sécheresse et leur brutalité ! Au juge de faire son travail.

Pour l'heure, le mien dicte ses questions et mes

réponses, qu'il lit au fur et à mesure, sur l'écran posé sur une table de décharge accolée à son bureau.

À ma stupéfaction, le juge reprend l'affirmation des policiers : la déclaration de prêt est un faux. J'expose à nouveau les explications fournies aux policiers. Il dicte mes réponses en prenant soin de me montrer qu'il se moque totalement de ce que je peux raconter. Puis il évoque l'existence d'un dessous-de-table. Pour étayer sa thèse, Philippe Courroye se fonde sur l'insuffisance du prix d'achat notifiée par le service de la fiscalité immobilière du centre des impôts. Volontairement, il assimile insuffisance et dissimulation de prix. L'insuffisance découle de l'analyse souvent contestable des services fiscaux selon laquelle le prix payé leur paraît inférieur à l'évaluation qu'ils font eux-mêmes du bien vendu. Évaluation forcément approximative, fondée sur les données abstraites du marché immobilier puisque, faute de pouvoir les visiter, ils ne peuvent apprécier l'état réel des lieux. Elle n'implique aucunement qu'il y ait eu un dessous-de-table. Il suffit que l'évaluation soit supérieure au prix payé.

Décidément, le fisc est omniprésent dans cette affaire. J'expose les circonstances très particulières de l'époque des faits. Henri Benhamou était incarcéré. Il avait des préoccupations plus pressantes que celle de se voir réclamer quelques dizaines de milliers de francs de droits d'enregistrement. Je rappelle au juge que j'avais parallèlement obtenu la restitution à mon client d'un trop-payé de droits d'enregistrement excédant le rappel d'imposition des mêmes droits sur la valeur de l'appartement que l'inspecteur voulait retenir. Ce dernier m'avait annoncé, avant qu'elle fût officiellement signifiée à l'intéressé, la décision de restitution de ces droits payés à tort. L'administration reprenait d'une main ce qu'elle donnait de l'autre. Pour l'intéressé, le rappel n'a donné lieu à aucun décaissement. Au contraire, les droits restitués étaient supérieurs aux droits rappelés. Enfin j'insiste sur les variations des évaluations successives de l'administration, preuve qu'il s'agissait d'une évaluation transactionnelle pour en finir avec une difficulté mineure. L'évaluation de l'appartement comportait une erreur. Les impôts avaient pris en considération deux chambres de service alors qu'il n'y en avait qu'une seule. De plus, l'inspecteur avait accepté la remise des intérêts de retard, décision tout à fait exceptionnelle, ce qui démontrait qu'il s'agissait de la recherche d'un accord, compte tenu de la situation d'Henri Benhamou qui avait à Fleury-Mérogis des préoccupations d'une autre gravité.

Mais je peux dire ce que je veux, les jeux sont faits. On clôture le procès-verbal. Sans perdre de temps, me scrutant avec une dure et méprisante satisfaction, le juge m'informe qu'il est saisi d'une demande de mise en détention par la substitut du procureur et qu'elle va nous rejoindre. Le piège se referme. Le scénario soigneusement mis au point arrive à son épilogue. Michel Konitz est effondré. À cet instant précis, il ne doute plus d'avoir été manipulé. Tout était programmé depuis le lundi aprèsmidi.

Comme à l'accoutumée, le débat dit « contradictoire » est une mascarade. Michel Roussin le confirmera dans *Le Monde* du 2 juillet 2001 : « Alors que la loi prévoit un débat contradictoire, j'ai été stupéfait de voir, à l'instant où le dernier mot de mes avocats venait d'être prononcé, M. Riberolles saisir délicatement une feuille de papier posée sur son bureau : c'était l'ordonnance par laquelle il m'envoyait en prison, écrite à la main, déjà prête avant même que j'entre dans son cabinet ! » Je venais de connaître une situation analogue. Comment convaincre quelqu'un qui a déjà pris sa décision et n'en démordra pas ? Pour justifier sa demande de placement sous mandat de dépôt, la substitut ne sait qu'invoquer la nécessité de procéder à des enquêtes, qui, comme d'ordinaire, seront nécessairement délicates, longues et minutieuses. Mon incarcération est indubitablement « nécessaire » pour empêcher toute « concertation frauduleuse » avec d'éventuels témoins, toute manœuvre destinée à faire disparaître des preuves. Discours stéréotypé et clauses de style, applicables à n'importe quelle affaire.

La cause est entendue. Tout ce qui peut être dit par mon défenseur et moi-même sera écouté plus ou moins patiemment par un homme dont la religion est faite. Plaider, argumenter ne sert qu'à cautionner une parodie de débat. Participer à de telles pantomimes les avalise et permet des discours lénifiants sur les droits de la défense. Pourtant, Michel Konitz prend la parole et fait part de son désappointement. Il m'a demandé de m'expliquer parce qu'il s'était fié à ce que le juge lui avait laissé entendre. Il est revenu de son illusion et il le dit.

À mon tour. Je sais mes propos inutiles mais je tiens à dire que je n'ai commis aucun délit. Que je n'ai rien à me reprocher et que j'ai le sentiment, depuis le début de cette affaire, d'avoir « pénétré dans le couloir de la mort ». Je ne comprends pas ce qui se passe. Pourquoi veut-on m'exécuter alors que je n'ai rien fait ? Et que me reproche-t-on exactement ? Le juge écoute en manifestant ostensiblement son indifférence. À peine ai-je terminé que l'ordonnance me plaçant sous mandat de dépôt tombe, motivée comme d'habitude par des banalités sans commune mesure avec la gravité du dommage infligé.

J'ai été mis en examen, du chef de blanchiment aggravé du fait de ma profession. Or ce délit ne peut en aucun cas être constitué. Une brève enquête aurait permis de démontrer immédiatement que je ne connaissais pas Henri Benhamou avant le 13 octobre 1998, date de la vente de l'appartement. Je suis également mis en examen du chef de faux. Il s'agit de la fameuse déclaration de prêt, et, pour faire bonne mesure, d'abus de confiance. Je m'en étonne auprès du juge ; ses explications sont aussi lapidaires que confuses. Les véritables raisons de cette surprenante mise en examen seront évidentes quelques mois plus tard.

Un magistrat soucieux de connaître la vérité aurait fait entendre mon collaborateur. Celui-ci aurait confirmé être l'auteur du document constatant qu'Henri Benhamou était devenu débiteur de son frère. En un instant, l'accusation se fût dégonflée comme une baudruche. Il n'y aurait plus eu d'affaire. Mais justement, il en fallait une, et c'est la raison pour laquelle les investigations de bon sens n'ont pas été menées. À l'heure où j'écris ces lignes, plus d'un an après mon incarcération, elles n'ont toujours pas été faites ! Mieux, par une ordonnance du 13 juin 2001, le juge a expressément refusé d'accéder à ma requête et d'entendre Jacques Faure ainsi que l'expert-comptable d'Henri Benhamou. Dès le début, on savait qu'il ne pouvait rien m'être reproché. Il fallait m'impliquer dans une affaire. Pourquoi ?

Je n'ai pas le temps de m'interroger. Le gendarme qui se tenait derrière moi me passe les menottes. J'échange quelques mots à la hâte avec mon défenseur dans le couloir, devant le bureau du juge, avant d'être redescendu dans ma cellule pour attendre mon transfert à la prison de la Santé. Atterré, Michel Konitz est livide : « Je fais immédiatement un référé liberté. Je passerai te voir demain... »

Il est un peu plus d'une heure du matin, nous sommes le jeudi 6 juillet. Menotté, à l'arrière d'un fourgon, je prends la direction de la Santé. Une demi-heure plus tard, la porte blindée de la forteresse s'ouvre. Le fourgon entre dans la cour en marche arrière. Je suis comme anesthésié, envahi par un curieux sentiment d'irréalité.

11

On m'accuse donc de « blanchiment ». Infraction attrape-tout. « Blanchir », c'est faciliter, par tout moyen, la justification mensongère de l'origine des biens ou des revenus de l'auteur d'un crime ou d'un délit ayant procuré à celui-ci un profit direct ou indirect, ou de prêter son concours au placement, à la conversion ou à la dissimulation desdits biens ou revenus.

Le délit spécifique de blanchiment de l'argent provenant du trafic de stupéfiants a été créé par la loi du 31 décembre 1987. Celle du 13 mai 1996 en a donné une définition beaucoup plus large. Loi ambitieuse, destinée à fournir à la police et à la justice de nouveaux moyens de lutte contre la criminalité organisée et le trafic de stupéfiants présentés comme un des défis majeurs auxquels sont confrontées les démocraties.

Dans la lutte contre ces fléaux, l'État a échoué. Faute d'avoir réussi en amont, il s'est alors doté des moyens d'agir en aval, sur les conséquences financières des délits qui n'ont pas été mis au jour. Comme toujours en pareil cas, on fait voter une loi, on crée une taxe, et tout continue comme avant, avec un peu plus d'impôts, un peu moins de liberté et, en corollaire, un nouvel accroissement des pouvoirs de l'administration. Au nom des principes les plus incontestables, la liberté se rétrécit comme peau de chagrin pour les citoyens.

Pour établir ce nouveau délit, le parquet doit prouver que le blanchisseur savait ce qu'il faisait, autrement dit, qu'il connaissait l'origine délictueuse des fonds — un crime ou un délit. De la connaissance on passera inéluctablement, dans les années à venir, à une nouvelle obligation, celle de la dénonciation, laquelle s'imposera dans un premier temps aux professionnels puis, pourquoi pas ?, aux particuliers, selon la tendance naturelle de l'État à faire supporter aux citoyens de nouvelles contraintes pour suppléer à ses propres carences.

Mais un autre chef d'accusation m'a été infligé : abus de confiance. On atteint là les sommets de l'absurdité. Voici ce dont il est question. J'ai mis à la disposition gratuite de mon fils cadet un appartement que je détiens à travers une société civile immobilière dont je possède 8 750 parts sur 8 850, les 100 autres étant détenues par mon ex-épouse et mes trois enfants. J'aurais donc commis un abus de confiance... à mon propre détriment puisque c'est moi qui me suis privé des loyers que le juge me reproche de ne pas avoir réclamés à mon fils Rodolphe ! L'abuseur abusé, en quelque sorte.

Un autre abus de confiance serait le fait d'occuper gratuitement mon appartement en attendant d'en régler le prix. En matière d'usage, l'abus de confiance est constitué par le fait d'utiliser un bien contrairement à l'utilisation convenue avec son propriétaire. En l'espèce, les déclarations de résultats adressées par la SCI aux services fiscaux indiquaient que j'étais occupant à titre gratuit. Qui donc avais-je abusé ? Le délit ne peut être constitué. D'ailleurs, le conseil de l'Ordre, appelé à se prononcer quelques mois plus tard, ne manquera pas de s'étonner de ce barbarisme juridique et de signifier son étonnement en des termes lapidaires.

La question se pose des raisons de cette mise en examen pour un délit dont un étudiant en première année de droit verrait immédiatement qu'il ne peut être constitué. La réponse est simple. Elle ressort à l'évidence de la chronologie des actes d'instruction commis par Philippe Courroye. Dès le lendemain de ma mise en examen, il perquisitionne l'appartement de l'épouse d'Arcadi Gaydamak et de ses deux filles. Le même jour, Philippe Courroye perquisitionnait mon cabinet pour la troisième fois de la semaine pour consulter les dossiers d'Arcadi Gaydamak et de Pierre Falcone, lequel, à ce stade de l'instruction, n'avait jamais été cité dans la procédure. Il fallait créer un lien juridique entre lui et moi. Ce fut l'abus de confiance.

L'arrêt rendu le 27 juin par la Cour de cassation est suffisamment éloquent pour se passer de commentaire :

« Lors de la mise en examen d'Allain Guilloux, avocat, du chef notamment d'abus de confiance commis au préjudice de la société civile immobilière Poincaré, propriétaire de l'appartement qu'il occupait, celui-ci a été amené à s'expliquer sur le montage financier qui avait été élaboré avec Arcadi Gaydamak et qui devait permettre le remboursement des parts de cette société ;

» Qu'en suite de cette audition, les juges d'instruction ont, en présence du représentant du bâtonnier, effectué une perquisition au cabinet d'Allain

Guilloux et saisi des dossiers concernant son client, Arcadi Gaydamak ;

» Attendu que, pour déclarer ses saisies régulières, la chambre de l'instruction énonce que le secret professionnel invoqué ne peut faire obstacle au pouvoir d'investigation des juges d'instruction qui enquêtaient sur le financement en cause dans lequel apparaissait intervenir Arcadi Gaydamak. »

Le principe est on ne peut plus clairement exprimé. Il suffit donc d'accuser un avocat d'un délit — dans mon cas, de m'accuser de blanchiment par le moyen d'un faux —, pour être fondé à consulter les dossiers de ses clients censés y être impliqués. Bel exemple de manipulation du droit qui sonne le glas du secret professionnel.

Quarante-huit heures après mon incarcération, la France entière, obligeamment informée par une presse bien renseignée, apprend que j'ai été mis en examen et incarcéré pour « blanchiment, faux et abus de confiance ». Me voilà habillé pour l'hiver !

Guilloux Allain, avocat fiscaliste, disposant d'une modeste notoriété sur la place, n'était en fait qu'un malfrat, un escroc. Justice est faite. En prison le voyou ! Fin du premier acte.

12

À aucun moment de mon existence, je n'avais imaginé avoir un jour à connaître l'expérience de la prison. Dans la nuit du mercredi 5 au jeudi 6 juillet 2000, peu après minuit, à l'instant où je suis incarcéré, je ne sens monter en moi aucune angoisse. Ma vie vient, en trois jours, de basculer dans l'inconnu, et pourtant je pénètre à l'intérieur de la Santé l'air serein. Cela ne manque pas d'étonner le chef qui m'accueille pour procéder aux formalités d'entrée. C'est un Antillais de Pointe-à-Pitre et il se trouve que je connais bien la Guadeloupe. Nous échangeons quelques propos détendus sur le plaisir de vivre là-bas, sur Saint-François, où j'ai souvent passé les fêtes de Noël sur la plage des Raisins-Clairs, la route des Mamelles qui franchit la magnifique forêt tropicale de Basse-Terre. Nous évoquons le ti punch face à la mer, dans la chaleur humide du soir, le ti départ pour le retour, et ce décollage du matin qui finit par marquer définitivement ses adeptes. Mon interlocuteur est un homme affable. Il m'accueille avec une chaude décontraction qui dédramatise le moment.

Les formalités sont vite expédiées : prise d'empreintes et de la plus étonnante photo de ma vie, un numéro sur la poitrine. Accompagné de deux surveillants, je suis conduit à la fouille. Mes vêtements sont examinés avec le plus grand soin. On me confisque mes objets personnels, dont il est dressé une liste minutieuse. Puis le chef vient me chercher et, toujours flanqué de mes deux anges gardiens, je suis mené au couloir des arrivants, où les nouveaux pensionnaires attendent d'être affectés à l'un des quatre blocs qui composent la Santé.

Le chef ouvre une première cellule. Elle est exactement conforme à ce qu'on peut imaginer de plus déprimant dans le genre. Deux lits superposés, un troisième sommier métallique accroché au mur qui, mis en place pour la nuit, interdira tout déplacement. Des toilettes, un petit évier émaillé, crasseux, de couleur incertaine. Mon guide fait la moue, ouvre une deuxième cellule, guère plus plaisante, une troisième puis une quatrième. Il a l'air désolé. À la dernière, il se résigne mais, comme mon hôte du 13e arrondissement, il semble désolé.

— C'est tout ce que j'ai à vous offrir. Prenez celle-là, ce n'est pas terrible, mais c'est encore la plus présentable. De toute façon, c'est pour une nuit. Vous serez affecté demain.

Reste à trouver un matelas. Il ouvre une cellule voisine. Une dizaine de matelas en mousse verte y sont empilés. Certains sont d'une saleté répugnante. Toujours aussi attentionné, le chef m'indique le moins malpropre. J'ai l'impression de bénéficier d'un service d'étage prévenant. À la fouille, on m'a donné des draps et une couverture.

La porte se referme et j'entends pour la première fois des clés résonner dans la serrure — cliquetis formidable amplifié par l'écho du couloir — d'une façon qui, dans la vie normale, n'existe pas. Je suis mort de sommeil. Je fais mon lit comme je peux et je m'effondre. Une pensée surnage un moment dans mon esprit avant que je sombre : ça y est, je suis en prison !

Tôt le lendemain matin, la porte s'ouvre. Un détenu de service dépose un bol rempli d'un breuvage noirâtre, un morceau de pain et une plaquette de beurre. Je n'ai rien mangé depuis lundi midi. Ce qui est censé être un café au lait me rassure et me réconforte. Il faut bien se nourrir. La vie continue.

Curieusement, mon dénuement soudain ne m'accable pas. Je sens que c'est peut-être un mal pour un bien. Toutes ces choses dont je suis d'un seul coup privé étaient-elles vraiment indispensables ? Valaient-elles d'être acquises au prix d'un surmenage frénétique ?

J'écris à Joëlle que seul le temps a une importance. Si ma mésaventure est le prix que je dois payer pour apprendre à vivre plus intelligemment les années qui me restent, elle aura été positive. Encore faut-il qu'elle se termine vite et que le prix ne soit pas trop élevé ! Je lui propose de l'épouser à nouveau. Ne faut-il pas des traumatismes pour faire prendre conscience des réalités ? Elle ne recevra jamais cette insolite demande en remariage. Je renonce à la poster. Je ne tiens pas à ce que l'« autre » soit informé de mes états d'âme.

On vient me chercher. Commence la ronde des visites médicales, radio, prise de sang, tension, entretien avec la psychologue. On lui a remis les conclusions de son confrère de l'Hôtel-Dieu. Perspicace, elle aussi me trouve « dépressif ». Non, vraiment ? Dans la cellule transformée en salle d'attente, je retrouve les détenus qui suivent le même parcours que moi. Un homme d'une soixantaine d'années, les cheveux gris, râblé, respirant la solidité, ne semble aucunement préoccupé du lendemain. Du premier coup d'œil, il voit que je ne suis pas un client habituel de ce type d'établissement et, aussitôt, il cherche à me rassurer. En ce qui le concerne, il n'a pas l'ombre d'un doute : il est là pour quelques jours seulement. Sans m'exposer les raisons qui lui valent le plaisir de me rencontrer, il me demande mon nom. Dès qu'il sera sorti, ce qui ne saurait tarder, il fera « tout pour m'aider ». Puis il se présente à son tour :

— Vous verrez, tout finit par s'arranger. Moi je suis diplômé de l'école de la vie. J'en ai vu d'autres ! La prison, c'est pas aussi terrible qu'on l'imagine. De toute façon, j'en ai pour quelques jours.

Dans notre petit salon pénitentiaire, on introduit un homme en survêtement. La quarantaine sportive, il porte des lunettes qui lui donnent l'air d'un intellectuel. Sans un mot, il s'assied, le visage fermé, et ne regarde personne, les yeux fixés sur le mur d'en face. J'engage la conversation. Il me répond courtoisement. Il est arrivé hier, transféré d'une autre maison d'arrêt. Il parle, avec beaucoup de calme, un langage dénué de toute vulgarité. Il ressemble beaucoup plus à un prof de gym qu'à un truand chevronné.

Vers le milieu de l'après-midi, après avoir satisfait aux formalités médicales, nous devons être reçus à tour de rôle par la sous-directrice de la Santé qui décidera de nos affectations. L'homme aux lunettes, dont je ne connais pas encore le nom, m'indique que je serai placé « en division », c'est-à-dire seul dans une cellule, vraisemblablement au quartier des VIP. Je demande au diplômé de l'école de la vie s'il m'accepterait comme compagnon de cellule. L'autre se lève spontanément pour s'inviter : « Et moi, est-ce que je vous parais convenable ? » Voilà qui est flatteur. Je ne dois pas faire trop mauvais effet.

Un peu plus tard, la sous-directrice de la Santé, Mme Guégan, me reçoit. Elle a mon dossier devant les yeux et m'indique, en effet, qu'elle va me placer en division. À son grand étonnement, je lui demande comme une faveur s'il ne serait pas possible, au contraire, de partager une cellule avec d'autres détenus.

— Pourquoi ? Vous craignez la solitude ?

Elle a lu les deux rapports sur mon état psychique.

— J'ai peur de craquer nerveusement. Pour l'instant, cela va plutôt bien, mais si ma détention doit se prolonger, je ne suis pas sûr de pouvoir tenir le coup. J'ai vu ici des personnes qui me paraissent parfaitement fréquentables.

Je les décris. Elle les identifie immédiatement. Soucieuse d'éviter les cohabitations à problèmes, elle consulte leurs dossiers posés sur son bureau et, sans commentaire, appelle le responsable du bloc D : « Disposez-vous d'une cellule pour trois personnes ? » La réponse est négative. « Prenez vos dispositions pour en libérer une. » Un pauvre diable qui jouissait d'un studio va se retrouver en appartement communautaire ! Je ne connaîtrai jamais celui dont je suis venu troubler bien involontairement la quiétude. Quand je retrouve mes deux interlocuteurs, je leur annonce la nouvelle et ils en semblent enchantés. Dans cet univers de désolation, toute satisfaction est la bienvenue.

J'ai eu la main heureuse. Grâce à mes deux

compagnons d'infortune, René et Jean-Marc, mon séjour sera, osons le mot, presque agréable. J'entre en prison surmené, épuisé. Je serais parti en vacances quelques jours plus tard si le mauvais sort, ou plus exactement un juge, n'en avait décidé autrement. Je sortirai au bout de quinze jours physiquement en pleine forme, allégé de huit kilos et, pour tenir ma promesse à René, sans avoir fumé une seule cigarette dans la cellule pendant tout mon séjour. Ma consommation quotidienne de près de deux paquets s'est ainsi trouvée limitée au temps des promenades, soit une demi-douzaine seulement. De ce point de vue, la Santé mérite bien son nom.

Dans la bonne humeur, on emménage, cellule D 131. Premier étonnement : elle est parfaitement propre. L'homme que j'ai involontairement fait déloger était soigneux. Des posters ont été collés aux murs, sur des placards et la porte par ce locataire méticuleux. Nous prenons tous les trois possession des lieux. On se répartit les lits. J'ai toujours été incapable de faire le mien correctement et, à dire vrai, la vie ne m'a pas donné l'occasion de m'entraîner à cet exercice. René s'en aperçoit ; il se propose de m'aider et nous fait la brillante démonstration de la façon de faire un lit qui ne se défait jamais. En quinze jours, mon lit aura été fait deux fois seulement, la seconde nécessitée par le changement des draps. L'astuce est simple. Il suffit de nouer le drap du dessous au pied et à la tête, tendu par l'élasticité du matelas. Quant au drap du dessus et à la couverture, ils sont également noués sous le matelas au pied. Il fallait y penser. Ou avoir une certaine expérience carcérale.

René n'en manque pas. Toujours d'humeur

égale, il nous apprend qu'il en est à sa quatrième année de détention. Ni Jean-Marc ni moi ne posons de questions sur les causes de sa présence. S'il veut raconter sa vie, c'est à lui d'en prendre l'initiative. Il le fera dans les jours qui suivront ; je découvrirai qu'un homme au passé chargé, répertorié au grand banditisme, peut être le meilleur compagnon du monde. Si j'ai tenu bon pendant mon séjour, je le lui dois pour une large part, ainsi qu'à Jean-Marc. Je lui en serai reconnaissant pour le reste de mes jours. C'est pourquoi, dès ma sortie de prison, je tenterai de l'aider, ce qui me vaudra quelques nouvelles mésaventures.

L'heure de mon premier dîner de taulard a sonné. J'ai indiqué au médecin, à mon arrivée, que je suivais un traitement contre le cholestérol, dont le taux fait blêmir mon cardiologue. J'ai donc droit à un menu spécial, pas meilleur que l'autre, tant s'en faut, mais censé être diététique. La porte s'ouvre, le détenu chargé de distribuer les repas apparaît dans l'encadrement, précédé du gardien. René prend les choses en main. À peine servi, il commence à trier ce qui lui paraît raisonnablement consommable et ce qu'il faut proscrire. Finalement, il extrait de son paquetage un paquet de spaghettis, une boîte en plastique de Ricoré, un pack de lait vide à la partie supérieure soigneusement découpée, enfin l'une de ces résistances en forme de serpentin qu'on branche sur une prise de courant et qu'on plonge dans le liquide à réchauffer. Nous le voyons compter posément 120 spaghettis, les casser par le milieu et les placer dans la boîte de Ricoré remplie d'eau et mise au bain-marie dans l'autre récipient. Il nous explique que si on plonge directement la résistance dans l'eau de cuisson des pâtes, elles prennent un mauvais goût. Je prends sagement ma leçon de cuisine pénitentiaire.

Quelques minutes plus tard, nous nous mettons à table pour déguster des pâtes agrémentées de miettes de thon que Jean-Marc s'est procurées auprès d'une connaissance rencontrée dans les couloirs. Nous avons assez de conserves pour tenir jusqu'à la prochaine « cantine ». Pendant une semaine, Jean-Marc et moi serons entretenus par René et vivrons sur ses réserves. « Cantiner », luxe indispensable au détenu, lui fournit contre argent, auprès de l'administration pénitentiaire, le nécessaire pour améliorer un ordinaire qui en a grand besoin.

La semaine suivante, nous sommes livrés, et notre cellule se transforme en véritable épicerie. Je revois la joyeuse gourmandise avec laquelle nous rangeons nos provisions avec méthode, sous la direction de René, habitué à optimiser l'espace réduit des cellules. Chaque centimètre carré doit être utilisé au mieux. Parfaitement adapté au milieu carcéral où il est immergé depuis plusieurs années, René a pris spontanément en charge l'entretien de la cellule. Chaque fois, il procède à un nettoyage complet, au nom du principe qui lui est cher et qu'il ne cesse de répéter : « Surtout, ne pas se laisser aller. Il faut d'abord commencer par se respecter soi-même. Sinon tu finis par te faire avoir et tu es foutu. »

Je suis très étonné de l'attitude du personnel, aux antipodes des durs geôliers sans âme que j'imaginais. Je m'ouvre de mon agréable surprise à un surveillant d'une trentaine d'années, particulièrement sympathique.

— On n'est pas là pour juger, me dit-il. Nous autres devons faire en sorte que les choses se passent au mieux dans l'intérêt de tous. C'est déjà assez pénible comme ça. Pas besoin d'en rajouter !

Nous ne bénéficions pas, certes, du service d'un hôtel quatre étoiles, mais ce n'est pas non plus Cayenne, les hurlements, la trique et les fers aux pieds. Les choses se passent simplement, sans mépris ni désinvolture. Cela ne va pas de soi dans un univers sous tension extrême, où tout peut arriver si l'on n'y prend garde. Les surveillants sont formés à prévenir l'incident en respectant des hommes dont ils attendent la même attitude. C'est là une politique intelligente menée par la direction de la Santé. René, expert en la matière, m'explique que l'ambiance y est exceptionnelle. Ailleurs, cela peut être tout à fait l'opposé : fouilles vexatoires, ordres hurlés, manifestations néfastes d'autoritarisme gratuit.

À la Santé, on marque une sorte de confiance aux détenus. Ils n'en sont pas moins, cela va sans dire, étroitement surveillés. Pendant la première promenade, je suis étonné d'entendre des bruits métalliques. Je lève la tête. Mon guide, René, m'explique que les surveillants viennent tester les barreaux des fenêtres uniquement quand les cellules sont vides. Ils attendent que les occupants soient ailleurs. En apparence, ce n'est rien. C'est beaucoup en réalité.

13

Tandis que je fais connaissance avec la pénitentiaire, Joëlle découvre les interrogatoires de police. Elle m'en fera le récit, le soir de ma libération. Il est de nature à ajouter un piment inattendu aux pizzas venues du traiteur voisin que nous partageons avec quelques amis.

Entendue le 6 juillet comme simple témoin, on commence par lui demander si elle connaît Henri Benhamou qu'elle n'a vu qu'une fois. Elle n'a pas le temps de répondre que l'un des deux policiers lâche le nom de Jacques Attali. Son collègue lui donne un coup de coude à la façon dont on fait taire les gaffeurs. Il ne sera plus question de l'ancien conseiller du Président.

Un policier prend son carnet de chèques dans son sac. Il remarque sur une souche récente le chiffre de 200 000 francs. Quelle aubaine ! Il cherchait un prétexte pour simuler le blocage de son compte bancaire, répète frénétiquement : « Il faut bloquer le compte, il faut bloquer le compte... », appelle à cet effet la Société Générale devant Joëlle. Pourquoi ce simulacre ? Le compte avait déjà été bloqué la veille par Philippe Courroye. Plus d'un an après, il l'est encore. Les questions reprennent :

— À qui appartient l'appartement de l'avenue Raymond-Poincaré ?

— Je l'ignore.

— Qui y habitait auparavant ?

— M. Gaydamak.

Les deux hommes poussent un même énorme « ouf ! » de ravissement, posent leur stylo, s'étirent en croisant les mains derrière leurs nuques.

— Enfin ! Vous savez que votre mari n'a jamais prononcé ce nom ?

Elle leur réplique :

— Et quel intérêt cela avait-il ?

Entendue à partir de 15 heures, elle en finit à 19 h 30. Avant de la laisser partir, les policiers lui indiquent que, si elle souhaite me voir, je me trouverai le lendemain matin à l'appartement, le juge ayant prévu une nouvelle perquisition. Il s'agit d'un traquenard.

En effet, le lendemain, Philippe Courroye lui demande où se trouve un tableau qu'il a vu lors de la perquisition précédente. Elle lui dit sans hésiter que, compte tenu du désordre de l'appartement, elle l'a rangé sous un lit. Immédiatement, il éructe :

— Placez-la tout de suite en garde à vue !

On admirera la courtoisie du « la ». Peu importe que ce tableau soit une mauvaise copie rigoureusement sans valeur et ait été glissé là où il est par une vieille habitude de Joëlle, qui procède ainsi quand elle ne trouve pas de place libre. Là n'est pas la question pour le juge.

En fait, n'ayant rien trouvé chez moi, le juge tente sa chance ailleurs. Il lui fallait un prétexte pour fouiller le domicile de Joëlle et se faire ouvrir son coffre, bloqué depuis la veille. On lui annonce aussitôt qu'elle va être mise en garde à vue et qu'on va perquisitionner sur-le-champ sa maison de Bourron-Marlotte. Deux policiers l'accompagnent dans l'ascenseur.

Sur le trottoir, l'un des deux hommes lui saisit les bras, les lui ramène derrière le dos et lui passe les menottes. Depuis sa chute, elle a le bras gauche en piteux état. Elle pousse un cri de douleur. Sous le regard glacé du juge Courroye, elle est enfournée dans la voiture de police.

— Je ne vais pas rester comme ça, dit-elle. C'est intenable.

On la fait sortir de la voiture pour lui déplacer les menottes. Elle ose se plaindre d'être trop serrée et demande qu'on lui libère les mains.

— Taisez-vous ! Vous n'avez rien à dire !

Transportée sirènes hurlantes, elle découvre en arrivant à Bourron-Marlotte que la voiture de la police municipale stationne devant sa porte depuis des heures. Des voisins sont dans la rue pour assister au dénouement du spectacle ; certains ont sorti des chaises. Joëlle descend de voiture, menottée, flanquée de trois policiers, deux hommes et une femme. Cette dernière s'adresse au policier local :

— Connaissez-vous madame ?

— Oui. Madame habite ici.

La réponse ne figure pas au procès-verbal.

La perquisition commence. La maison est passée au peigne fin. Les policiers empruntent l'appareil photo de Joëlle, recherchent des pellicules dans les tiroirs et mitraillent tout ce qu'ils voient, y compris des objets sans la moindre valeur. Quand ils en sont à immortaliser une potiche ébréchée, Joëlle leur fait observer que notre fille l'a trouvée dans une poubelle. Ils passent outre. Peut-être une antiquité de valeur... On ne sait jamais !

Le téléphone portable de la femme qui dirige l'équipe sonne. C'est le juge Courroye qui s'enquiert du déroulement de l'opération. Aux réponses, Joëlle devine qu'il demande que la maison soit placée sous scellés. Elle a gardé en mémoire la conversation.

— Mais on ne peut pas mettre les scellés à la maison, monsieur le juge ! Mme Guilloux habite réellement ici.

— ...

— Ce n'est pas possible. Il y a des ouvertures partout.

— ...

— Non, je ne peux pas. D'ailleurs, vous verrez, la perquisition est complète et nous avons des photos de tout.

À l'autre bout du fil, le juge insiste. La policière maintient son opposition. Si l'on avait posé les scellés à Bourron-Marlotte, Joëlle eût été à la rue, sans doute pour des mois, voire des années.

Dès qu'elle me raconte ce qui précède, mon décodeur personnel se met en marche. Pourquoi ce simulacre de garde à vue à propos de l'époustouflante accusation d'avoir caché un tableau ? Il ne peut y avoir qu'une raison. N'ayant pas trouvé chez moi — et pour cause — les liasses de billets et les chefs-d'œuvre artistiques que mon dénonciateur avait signalés à la bienveillance du fisc, mes juges ont voulu aller fouiller chez Joëlle, pensant que je les y avais cachés. Il fallait l'obliger à ouvrir son coffre, quitte à n'y rien trouver, ce qui fut le cas. Et tant pis si cela exigeait de terrifier une innocente, la malmener, l'exposer menottes aux poignets à la vue des voisins. On ne fait pas d'omelette sans casser des œufs.

De retour rue du Château-des-Rentiers, les policiers affectés à l'interrogatoire s'enquièrent du déroulement de la perquisition. Joëlle entend leur collègue leur indiquer à voix basse qu'aucun vêtement d'homme n'a été découvert. Ce point de détail, confirmant que je ne vis pas à Bourron-Marlotte, ne figurera pas dans le procès-verbal. L'interrogatoire reprend. Pour déstabiliser mon ex-épouse, on lui dit et répète que je suis un voyou. Puis on brandit la menace de placer nos enfants en garde à vue, de lui faire passer la nuit au dépôt, dont on lui fait une description horrifique. À la demande du juge, on la bombarde de questions sur notre intimité. Pour obtenir ces précisions sans doute jugées capitales, l'équipe s'est renforcée et Joëlle fait face à cinq policiers. À minuit et demi, elle se lève, déclare qu'elle ne répondra plus et demande à être transférée au dépôt. Mais la menace n'est pas mise à exécution et l'interrogatoire se termine. Les policiers appellent un taxi et passent un coup de fil à notre fille Ann'Sophie. Ils tirent la conclusion de l'affaire, à leur façon :

— Vous voyez, on n'est pas si méchants que ça !

14

Je connais un peu l'homme qui, après avoir fait irruption dans mon cabinet, mon appartement et ma vie, vient de me mettre en prison. J'ai, en effet, eu l'occasion d'assister, en ma qualité d'avocat, au côté de Jean-Louis Pelletier, à plusieurs interrogatoires d'Henri Benhamou menés par le juge Philippe Courroye. J'avais été frappé de le voir, d'emblée, instaurer un climat électrique, pour ne pas dire davantage. Dès la première seconde, il se pose comme le maître, le détenteur de tous les pouvoirs. Cela doit se savoir, s'éprouver dans sa chair, se sentir. Il estime n'avoir de comptes à rendre à personne. Lors d'une audition d'Henri Benhamou, Jean-Louis Pelletier, homme particulièrement courtois, fut à ce point outré qu'il quitta son cabinet en claquant la porte. Pour sa part, Jacques Bodels, avocat d'Alain Carignon, parle d'une « personnalité marquée du sceau de l'intégrisme... il fonctionne avec des valeurs de rédemption et de punition complètement morbides ».

« Il sue la haine », a dit plus brièvement Jean-Christophe Mitterrand, suscitant chez les magistrats un bel élan de solidarité ou un pur réflexe corporatiste, selon le point de vue. Il est vrai que la formule était sommaire. Tout le monde n'a pas la patte de Saint-Simon décrivant un courtisan de Louis XIV : « Fort désagréable par un air de hauteur, de mépris des autres, de domination, de préférence de soi répandue dans son parler et sa démarche, jusque dans son ton et toute sa personne. » Enfin et surtout, Philippe Courroye a la conviction absolue et définitive de détenir la Vérité et d'être le paladin de la Vertu.

Dans une autre affaire, Philippe Courroye a interrogé les services fiscaux pour obtenir des informations allant dans le sens de la culpabilité du mis en examen. Dès qu'on lui a répondu que le dossier démentait sa thèse, il a demandé aux impôts de ne rien lui adresser. Malheureusement pour lui, il a laissé traîner sa lettre dans le dossier ; l'avocat, dès qu'il l'a découverte, a fait intervenir un membre du conseil de l'Ordre pour constater son existence. L'instruction n'a qu'une raison d'être : établir la culpabilité des prévenus qui passent entre ses mains. Instruction exclusivement à charge, tout élément contraire à la démonstration poursuivie est systématiquement écarté. Bel exemple du souci d'établir la vérité !

Le même magistrat est chargé de l'instruction d'une affaire d'abus de confiance en matière d'épargne impliquant la société Afer. Or, la presse l'a révélé, les parents de son épouse figurent parmi les victimes des agissements reprochés à la société. Cela ne l'empêche nullement de poursuivre son instruction. Saisi d'une requête en récusation, il est confirmé. On ne voit en France aucune objection à ce qu'un juge ait un intérêt, par famille interposée, dans une affaire confiée à son instruction.

Bref, pour des hommes comme le juge Courroye — ils sont extrêmement rares, Dieu merci ! —, tout irait infiniment mieux si la défense n'avait aucun droit hormis celui de faire de la figuration. Contrarié, il n'hésite pas à attaquer l'avocat devant son client, allant jusqu'à déclarer à Jean-Christophe Mitterrand que mon confrère Versini-Campinchi lui assure une « défense calamiteuse ». En clair, il lui fait savoir que, compte tenu du système de défense adopté par celui-ci, il se voit contraint de l'incarcérer. N'en doutons pas, c'est à lui qu'on fait violence !

Quant à Isabelle Prévost-Desprez, elle s'est récemment signalée par le genre d'exploits qui fait la joie des justiciables. Enquêtant sur une affaire d'abus de confiance et recel d'abus de biens sociaux, elle fait interpeller Haïm Chalom Israël, le 6 novembre 2000. Elle le soupçonne, en sa qualité de président d'une association pour l'enseignement traditionnel juif, d'avoir encaissé en Israël des chèques provenant d'entreprises françaises. Le 8 novembre, il est incarcéré à Fresnes. Une demande de mise en liberté est refusée par la juge. L'affaire vient devant la chambre d'accusation qui désavoue celle-ci et estime, le 15, que « la détention provisoire n'apparaît plus nécessaire pour les besoins de l'information ». Le 18, jour où il sort de prison, le rabbin devait être entendu par Isabelle Prévost-Desprez. Dans la matinée, son avocat s'entretient au téléphone avec elle et l'informe de l'élargissement de son client. Furieuse d'avoir été désavouée, elle s'exclame : « S'il est mis en liberté, c'est sûr qu'il va prendre la fuite ! »

L'avocat va attendre le rabbin à sa sortie de prison. À peine celui-ci a-t-il franchi la porte de la maison d'arrêt qu'il est arrêté par des policiers en exécution d'un mandat d'amener délivré par la susceptible Isabelle. Me Buchinger tente vainement de lui rappeler que la chambre d'accusation, chargée du contrôle des juges d'instruction, a tranché et que méconnaître sa décision relève de la détention arbitraire dès lors qu'aucun fait nouveau n'est intervenu. La juge n'hésite pas à se faire menaçante et lui interdit de continuer à assurer la défense d'Israël, au motif qu'il a été entendu comme témoin quelques mois plus tôt dans une affaire liée à celle de son client.

L'infortuné rabbin est à nouveau incarcéré, à Fleury-Mérogis cette fois. Un référé liberté est déposé et l'affaire vient, le 21, devant le président Gilbert Azibert, qui estime que le placement en détention, « fondé pour partie sur un motif entaché d'inexactitude, ne répond pas aux exigences légales ». Une requête en récusation est déposée, les avocats estiment que « rien ne justifie qu'un juge d'instruction passe outre la décision de la chambre d'accusation en inventant des faits pour justifier son acharnement. C'est pourtant ce qu'a entrepris Mme Isabelle Prévost-Desprez, s'arrogeant ainsi le droit et le pouvoir de s'ériger en troisième degré de juridiction ».

La juge, qui, décidément, ne souffre pas de voir ses pouvoirs et son action contestés, conclut : « Les requêtes en récusation se multiplient, c'est devenu un moyen d'empêcher les magistrats de continuer à travailler. » Dans des cas aussi flagrants de mépris de l'autorité de contrôle, des droits de la personne mise en examen, de la présomption d'innocence et, d'une manière générale, du droit, cela vaut peut-être mieux ! Isabelle Prévost-Desprez s'est à nouveau illustrée. Elle vient de mettre en examen le juge Georges Fenech, accusé d'avoir perçu de la société Brenco, citée dans l'affaire dite de l'Angolagate, une somme de 100 000 francs pour le compte de l'Association professionnelle des magistrats dont il était président. Philippe Courroye démontrait aux yeux de tous que nulle autre considération que la recherche de la vérité ne conduisait son action, en toute indépendance. Fût-ce au nom de la confraternité, il n'épargnait personne : tous placés à la même enseigne au nom de la justice. Il se délivrait un certificat d'implacabilité. Parmi les mesures de contrôle judiciaire qui lui sont imposées figure l'interdiction de rencontrer l'avocat William Golnadel. *Le Canard enchaîné* s'en inquiète, relevant qu'une telle mesure « l'empêche de le choisir comme conseil ». L'hebdomadaire précise que « la juge entretient avec cet avocat, qui a fait annuler une bonne partie de la procédure Falcone, des relations difficiles, c'est une litote. Son idée est à creuser : même s'il n'y a rien contre un avocat, il suffit d'interdire à son client de le rencontrer pour l'écarter d'un dossier ».

Tel est l'étrange couple qui dispose à sa guise de mon honneur et de ma liberté. Au-delà de la personnalité de tel ou tel juge, une question essentielle doit être posée, celle de la confusion des pouvoirs placés entre leurs mains. La mission dévolue au magistrat instructeur est, et n'est que, de mener toutes les investigations nécessaires à la manifestation de la vérité. À cette fin il doit disposer des moyens juridiques indispensables à la conduite de son enquête. L'affaire se complique quand, au titre des mesures nécessaires à cette enquête, le législateur a cru devoir lui conférer des pouvoirs coercitifs sur la personne suspectée, en lui donnant la possibilité d'ordonner des mesures de contrôle judiciaire parmi lesquelles la plus lourde de conséquences : le placement en détention provisoire.

On sait pourtant depuis Montesquieu combien est dangereuse la concentration entre les mêmes mains de pouvoirs de nature différente. Pas de liberté sans contre-pouvoirs ! Le législateur a pris soin d'encadrer le placement en détention provisoire dans un cadre strict en précisant qu'il devait être « exceptionnel » et « l'unique moyen de conserver les preuves ou les indices matériels, ou d'empêcher, soit une pression sur les témoins ou les victimes, soit une concertation frauduleuse entre les mis en examen et leurs complices ». Prévue comme une mesure exceptionnelle, son utilisation abusive, contraire à la présomption d'innocence, est apparue comme une menace pour les libertés. Dans les faits, rien n'avait changé depuis l'apostrophe d'Adrien Du Port, en 1789, devant l'Assemblée constituante : « Il existe en France un usage barbare de punir les coupables lors même qu'ils ne sont pas encore jugés. »

Les juges n'appliquaient pas la loi et il aura fallu voir les puissants inquiétés pour qu'enfin les politiques se préoccupent de ce que subissait la plèbe depuis la nuit des temps dans l'indifférence générale. Après quelques errements, le législateur est intervenu en votant la loi sur la présomption d'innocence qui a retiré ce formidable pouvoir aux juges d'instruction et créé le juge des libertés. C'est un premier pas sur un long chemin à parcourir. Mais, miser sur la seule personnalité d'un fonctionnaire censé, par essence, être compétent et honnête, relève à la fois de l'angélisme et de la roulette russe.

Si la détention provisoire est la plupart du temps inutile, elle ne manque pas non plus d'effets pervers. Outre la tentation de certains tribunaux de ne pas désavouer le magistrat instructeur en le couvrant par une condamnation plus sévère que celle qui aurait été rendue si elle n'avait été prononcée, son effet médiatique peut être dévastateur. Quand l'opinion voit un personnage de premier plan, admiré tant de fois à la télévision dans sa gloire, reparaître sur le petit écran menottes aux poignets puis être incarcéré, chacun pense que, pour qu'il en soit là, il faut bien qu'il s'agisse d'un grand coupable ! La France, se dit-on, est un État de droit respectueux des personnes, a fortiori des personnalités. Jamais on n'oserait infliger à celles-ci le traitement humiliant réservé aux malfaiteurs sans qu'existe une pressante et puissante raison de le faire. Hélas ! cela s'apparente à l'adage selon lequel « plus un mensonge est gros, plus il a de chances d'être cru ». L'importance de la mesure prise contre le suspect vient crédibiliser la présomption de commission du délit dont il est accusé. Faisons beaucoup de fumée ! Cela suffira à prouver que le feu est vif...

15

Chaque matin, en me réveillant à la Santé, j'espère que le malentendu va se dissiper avant le soir. Quelques jours après mon incarcération, je suis appelé. Je n'attends personne puisque le défenseur que j'ai choisi, Michel Konitz, est en vacances. Stupéfait, je vois paraître Serge Kierszenbaum. Aussi jovial que d'ordinaire dans ces lieux sans gaieté, il m'attend en bas des escaliers qui conduisent au parloir avocats et me fait un large sourire dès qu'il m'aperçoit. Cette rencontre annonce un nouveau rebondissement de mon affaire.

Serge est un curieux personnage. De taille modeste, un peu plus qu'enrobé, il aime à dire qu'il faut se méfier des petits gros, en éclatant d'un rire tonitruant qui semble jaillir de sa bedaine pour secouer toute sa personne. J'ai toujours été étonné par la rapidité de son esprit, la finesse de ses analyses, qui démentent sa lourde apparence. Dès qu'un problème se présente, il réfléchit. « Attends, attends, attends ! » Et immédiatement, la machine se met en route. Il déroule son raisonnement, qui se termine inéluctablement par : « Je ne sais pas, il faut voir. Tu sais, moi je suis basique. Je ne suis pas un malin. Faut voir ! Tout est possible, rien n'est possible. Faut voir ! » L'animal sait tromper son monde. Matois, toujours aux aguets, bourré de bon sens, simple, clair, ne se mettant jamais en avant, c'est un courageux fantassin du droit, convaincu qu'une affaire se gagne par marches, démarches et contremarches.

Serge est spécialiste de droit pénal. Dans la tourmente, je n'avais pas pensé à le désigner. Comment a-t-il pu obtenir un permis de communiquer ? Il est allé faire le siège du cabinet du juge pour lui extorquer une autorisation exceptionnelle. Le magistrat a cédé, à la condition qu'il revienne avec une lettre de désignation en bonne et due forme. Il veut m'apporter son soutien, prendre de mes nouvelles, me réconforter. Nous nous connaissons depuis de nombreuses années. Il ne peut imaginer une seconde que je sois coupable d'un quelconque délit. Je lui expose le déroulement de mon incroyable affaire. Je lui avoue ne toujours pas comprendre pourquoi je suis derrière les barreaux. Quand j'ai terminé mon récit, il en est aussi stupéfait que moi.

Comme tous les pénalistes, Serge Kierszenbaum a vu tant de choses dans sa vie professionnelle qu'il en faut beaucoup pour l'étonner. Issu d'une famille de juifs polonais, son père était tailleur, comme son grand-père. C'est en compagnie de ce dernier que Serge est entré dans la vie active en vendant des pantalons sur les marchés. De la saga familiale, il a tiré un optimisme en acier trempé.

— Elle s'arrangera, ton affaire ! Simplement, il faut la vivre, c'est pas facile, c'est sûr ! Il te faut apprendre la patience des femmes de marins. On va s'en occuper.

Comme il me fait du bien en disant cela ! Je ne suis ni oublié ni abandonné. Je ne suis pas condamné à subir sans pouvoir agir. On s'occupe de moi dehors. Serge viendra d'ailleurs presque chaque matin, pour me montrer que je ne suis pas seul, qu'on ne m'oublie pas, qu'il existe, pense à moi, me soutient, comme ma famille à qui j'ai interdit de venir me visiter et même de m'écrire, afin de la préserver et de la tenir le plus éloignée possible du drame, et aussi, égoïstement, de me préserver. Je n'aurais pas supporté les parloirs. Le rappel de ce qu'était ma vie dehors. Je souffre, eux aussi, mais il n'est pas nécessaire d'ajouter à ce qu'ont déjà imposé les juges.

Stéphane Aziza, collaboratrice de Michel Konitz, Serge Kierszenbaum et moi entreprenons immédiatement la préparation de la contre-attaque. Car je vais demander ma libération. Est-ce audacieux ! La procédure prévoit qu'une juridiction spéciale annule ou confirme les actes d'un juge d'instruction. Nous allons donc travailler au mémoire à déposer devant la chambre d'accusation qui doit statuer le 20 juillet 2000. La reprise détaillée de l'exposé des faits m'afflige autant que mes deux confrères. Je suis confronté à une ignoble mauvaise foi. Serge Kierszenbaum est formel. Il connaît le palais. Il est certain que le président Gilbert Azibert qui siège le 20 juillet ne me maintiendra pas en détention avec un dossier aussi vide.

— Il n'y a rien dans ton dossier. C'est un excellent magistrat. Il te placera sous contrôle judiciaire et on verra plus tard. Mais ne te fais pas d'illusions, ce sera long.

Il conclut par sa formule préférée : « Il va te falloir la patience des femmes de marins ! » J'ai une entière confiance dans son bon sens et son expérience. Je sais aussi combien il est difficile d'assumer la position d'avocat d'un ami proche. Il faut parvenir à conserver le recul nécessaire, s'interdire l'optimisme de façade destiné à rassurer. Ne pas donner de faux espoirs. Ne pas croire que la connaissance qu'on a de la réalité peut être transmise telle quelle au tribunal. Il y a la vérité et la vérité judiciaire. Elles peuvent ne pas coïncider. Ne pas dire ce que l'autre souhaite entendre. Il est très malaisé de conserver la froide distance du professionnel. Serge sera à mes côtés pendant toute l'épreuve ; il se montrera d'une disponibilité désintéressée autant qu'indéfectible.

Michel Konitz devait partir en vacances juste après mon incarcération. Ses plans étaient arrêtés de longue date : rentrer le 19 juillet à Paris et en repartir, le 21, pour se livrer à sa passion de la pêche à la mouche aux États-Unis. Ses réservations étaient faites. Or le référé liberté était venu devant Martine Betch qui, comme on le savait d'avance, avait renvoyé devant la formation collégiale de la chambre d'accusation. Michel va exposer son problème au président de la chambre d'accusation. Naturellement, il fixe l'audience à la seule date possible pour mon défenseur, soit le 20 juillet, seul jour où il se trouvera à Paris.

Alors que Stéphane Aziza va consulter le dossier, elle apprend avec stupeur que Martine Betch a pris l'initiative de modifier cette date et de la fixer au lendemain. Cela s'éclaire si l'on sait que, le 20 juillet, la chambre d'accusation siège sous la présidence de Gilbert Azibert, le lendemain sous celle de Mme Carron. La presse ironisera sur les surnoms néolatins donnés par les juges d'instruction eux-mêmes à leurs censeurs. Ils distinguent deux types de gladiateurs judiciaires : « Annulators » et « Confirmators ». Les premiers, magistrats statuant en leur âme et conscience et sans céder par principe aux desiderata des juges d'instruction, font passer avant toute autre considération l'indépendance tant revendiquée, à juste titre, par les juges. Elle est un absolu qui ne se partage pas. Condition première et indispensable à la notion même de justice. Un magistrat doit être indépendant de tout et de tous, donc aussi des collègues qu'il a la charge de contrôler. Les seconds ont conféré à la chambre d'accusation la réputation d'une chambre d'enregistrement, plus soucieuse de complaire aux juges d'instruction dont elle examine les décisions que de concilier en toute sérénité les droits de la défense et les nécessités de l'enquête.

La collaboratrice de Michel Konitz va immédiatement trouver Martine Betch pour lui rappeler la date fixée par le président pour les raisons exposées.

— Oh ! cela n'a pas d'importance. Me Konitz n'aura aucune difficulté à remettre son départ d'un jour. Il y a des avions pour l'Amérique tous les jours, fait-elle valoir ironiquement.

À quoi bon discuter ? Le président de la chambre d'accusation, aussitôt informé, apprécie peu l'initiative intempestive de sa collègue qui n'a aucune compétence pour modifier le rôle de la cour. Il rétablit la date du 20 et, pour éviter toute nouvelle remise, fait partir sur-le-champ les convocations.

Le Monde relatera, sous la signature de Cécile Prieur, la guerre d'influence au sein de la chambre d'accusation qui, « depuis quelques mois, n'hésite plus, sous l'impulsion conjointe des présidents Jean-Paul Laurans et Gilbert Azibert, à censurer les juges en remettant en liberté les mis en examen ou en annulant partiellement les dossiers pour vice de forme. Cette évolution, qui n'est pas du goût des magistrats du pôle financier, provoque des frictions ».

En modifiant la date d'audience, Martine Betch a-t-elle voulu choisir Confirmator contre Annulator ?

16

Je ne peux m'empêcher de penser que, pour une large part, je dois à Bercy mon séjour derrière les barreaux. Mon ancienne administration a réussi, cette fois, à satisfaire sa vindicte. Déjà, en 1996, elle m'avait porté un coup qui n'était pas seulement de semonce.

Ce jour-là, je me trouve à l'aéroport de Nice en route vers Cannes où m'appelle un rendez-vous avec les services fiscaux, quand, téléphonant à mon cabinet pour m'assurer que tout est en ordre, mon secrétaire de l'époque me répond d'une voix angoissée : « Il y a des messieurs chez nous. » Je me fais passer mon associé. Il me précise qu'il s'agit d'un « L16B », référence à un article du livre des procédures fiscales autorisant les services fiscaux à perquisitionner s'ils obtiennent une ordonnance d'un magistrat. On fouille le cabinet, mon domicile, celui de mon fils Éric réveillé à l'heure du laitier, ainsi que l'hôtel exploité par Joëlle en Bretagne. À l'occasion de cette dernière perquisition, l'un des intervenants, en poste à Toulouse, avait cru pouvoir déclarer au directeur de l'hôtel que de toute façon, un jour ou l'autre, ils auraient ma peau. L'opération de grande envergure avait mobilisé plusieurs dizaines de fonctionnaires. Peu après, la très redoutée DNVSF, Direction nationale des vérifications de situations fiscales, force de frappe de Bercy, vérifie le cabinet, mes comptes personnels, ceux de ma femme et de mon fils cadet Rodolphe, sans trouver le moindre revenu dissimulé. Elle fait un redressement sur un très faible montant — redressement justifié par une erreur que je reconnais — et deux autres, injustifiés à mon sens. De toute façon, il ne s'agissait de rien de frauduleux. Pour ce piètre résultat, on a mobilisé le seul service ayant une compétence nationale et universelle, pouvant vérifier aussi bien les comptabilités que les personnes physiques. J'ai droit à la « totale ».

Mlle Panet, la vérificatrice à laquelle j'ai affaire et qui est placée sous l'autorité du directeur divisionnaire, M. Santistèbe, harcèle mes clients pour s'assurer du montant exact des honoraires demandés et réglés. Au cabinet, le téléphone n'arrête pas de sonner. Les clients, étonnés et inquiets, demandent la raison de ces investigations. Des fonctionnaires des impôts, ayant eu je ne sais comment connaissance d'un accident de voiture, débarquent un beau matin chez mon garagiste breton pour vérifier que je ne l'ai pas réglé en espèces ; de même pour mon agence de voyages, mon antiquaire habituel, tout y passe. Ils reviennent tous bredouilles. Tout cela n'a qu'un objet et un seul : me faire la peau. Quelques mois plus tôt, défendant un client à Toulouse, exaspéré par l'attitude du vérificateur, je m'étais heurté violemment à lui en lui reprochant devant sa hiérarchie son incompétence et sa partialité. Reconnaissant partiellement que les redressements notifiés étaient infondés, il n'avait pas hésité à me dire, je cite, qu'« il s'en foutait » et que « je verrai le problème avec le service du contentieux ». J'avais explosé. Très opportunément, le service local recevait peu de temps après un dénonciateur désirant garder l'anonymat avec lequel étaient examinés les comptes bancaires de mon client, demandés sans raison par les services fiscaux et opportunément réceptionnés, par le plus pur hasard, quelques jours plus tôt. J'avais eu droit à une opération punitive. La procédure révélera que, pour obtenir des juges les ordonnances autorisant les perquisitions, l'administration avait omis délibérément de transmettre des pièces qu'elle détenait, et qui contredisaient ses allégations. S'il en était besoin, qu'elle soit rassurée, elle peut continuer. Les fonctionnaires toulousains coupables d'avoir surpris la religion des magistrats en occultant les pièces gênantes n'auront jamais eu à rendre compte de leurs actes. L'administration comme le roi ne peut mal faire.

Parlons-en ! Il y a six ans, je vois un jour arriver à mon cabinet un homme visiblement très mal en point. Il m'est adressé par un fonctionnaire des impôts que je ne connais pas — ce qui prouve, soit dit en passant, que des membres de cette administration me reconnaissent une certaine valeur professionnelle. Huissier de justice, il a été incarcéré pendant huit mois pour des détournements de fonds qu'il m'assure n'avoir pas commis. Hélas ! ce genre de dénégation est trop fréquent pour que je le croie sur parole. Il me laisse son dossier, et au bout de deux semaines je trouve enfin le temps de m'y plonger.

Stupeur ! Toute l'accusation repose sur une lettre de la chambre des huissiers assurant que, dans la caisse de l'étude, le « détournement de fonds » peut être évalué à 3 millions de francs. Si on lit la suite avec attention, on s'aperçoit que ledit détournement correspond à l'addition de deux sommes. D'une part, le trop-perçu que les clients seraient en droit de réclamer à l'huissier, lequel est peut-être coupable d'avoir pratiqué des prix supérieurs au tarif. Et d'autre part, l'engagement de dépenses en utilisant les rentrées provenant de recouvrements d'affaires en cours pour certains de ses clients avec lesquels il était en compte et qu'il a utilisés avec leur accord. Il n'y a d'ailleurs eu aucune plainte, mais seulement une dénonciation anonyme. En clair, il n'y a pas l'ombre d'un détournement. Équilibrisme, dépassement de tarif, peut-être, spoliation, sûrement pas, rien en tout cas qui puisse mener un homme en prison. Je fais venir l'intéressé et lui expose la conclusion à laquelle je suis parvenu.

— Enfin ! me dit-il, les larmes aux yeux. Je me suis tué à le dire, mais personne n'a voulu me croire.

Un seul mot dans une lettre, écrit par malveillance ou maladresse, avait suffi à briser un homme. Bien entendu, le dossier avait été transmis aux services fiscaux, les sommes « détournées » étant, par définition, censées avoir été soustraites à l'impôt. Aussitôt, ne prenant pas plus que les autres la peine de lire la lettre, le fisc avait imposé un redressement au pauvre diable. Et le juge de triompher : vous voyez bien qu'il y a eu détournement, puisque l'administration des impôts a pratiqué un redressement. Le serpent se mord la queue.

Je saisis le tribunal administratif, puis j'appelle la direction des impôts d'Amiens pour prendre un rendez-vous avec le directeur divisionnaire chargé du contrôle fiscal.

— Maître, je vous reçois par courtoisie, me dit-il dès que je me présente, mais entendons-nous bien. Il n'est pas question que vous me parliez de cette affaire de détournement alors que la procédure contentieuse est en cours.

Je manifeste alors cette agressivité dont mes collaborateurs disent gentiment qu'elle provient d'un tempérament soupe au lait.

— De quoi d'autre voulez-vous que nous parlions ? Je vous demande seulement de m'écouter pendant cinq minutes sans m'interrompre !

— Bon, bougonne-t-il, si ça ne dure que cinq minutes, je vous les accorde.

Je sors la lettre de ma serviette, en donne lecture et attire l'attention sur le mauvais emploi du mot de détournement. Quand je lève les yeux, je vois que le directeur divisionnaire a l'air stupéfait et sincèrement accablé. Je me doute qu'il ne va pas me donner raison d'emblée, mais je sens que j'ai affaire à un honnête homme et qu'il vient de comprendre la méprise.

— Effectivement, cela demande à être examiné de plus près. Nous allons le faire et nous vous tiendrons au courant. Je vous demande de me laisser un mois.

L'entretien a duré cinq minutes montre en main, après cinq années de procédure et huit mois de prison. Un mois plus tard, mon interlocuteur prend position, comme il s'y était engagé. Le fisc dégrève les redressements et rembourse les sommes indûment encaissées. Mais, en ce qui concerne une justice lente, aveugle et implacable, l'affaire suit son cours à l'heure où j'écris ces lignes. L'huissier, ruiné, étude disparue et honneur sali, attend encore, passivement, le bon vouloir de ses juges.

17

Du car où je monte, en compagnie d'une dizaine de détenus qui comparaissent, ce 20 juillet 2000, devant la chambre d'accusation, je ne connaissais jusque-là que par le cinéma les compartiments grillagés style cages à poules où l'on se tient deux par deux, assis l'un en face de l'autre. Face à moi, un Noir d'une quarantaine d'années me dit attendre son extradition pour la Suisse où il est impliqué dans une affaire d'escroquerie dont il serait non le coupable mais la victime. Je l'écoute sans croire une seconde à sa version des faits.

Soudain, je me rabroue moi-même. De quel droit ai-je décrété que cet homme me mentait ? Peut-être dit-il la vérité et cette vérité est-elle peu plausible. La mienne l'est-elle davantage ? Ceux à qui je raconterai mon invraisemblable mésaventure judiciaire vont-ils m'accorder le moindre crédit ? C'est peu probable, tant nous réagissons tous en fonction d'un a priori fondé sur la conviction que l'administration a toujours raison. L'État a raison par principe. À l'État la vertu, au citoyen le vice !

Tout à coup, j'écoute sans préjugés mon compagnon de cellule roulante. Je l'interroge. Il me répond doucement, en souriant. Nulle acrimonie dans son propos. J'y trouve seulement la lassitude née de l'impuissance. S'il dit vrai, sa situation est véritablement dramatique. Et pourquoi, après tout, ne dirait-il pas vrai ? Arrivé au Palais de Justice, je suis fouillé en attendant d'être conduit, tenu en laisse par un cordon de cuir attaché aux menottes, dans les dépendances de la chambre d'accusation par d'interminables couloirs souterrains. Le gendarme qui nous accueille me place, seul, dans une petite cellule : « Venez, là vous serez mieux. » Dès que les autres détenus ont tous été transférés, j'ose lui demander une cigarette, tout en sachant que c'est interdit. Il tire aussitôt son paquet.

Arrive enfin mon tour. Le gendarme me passe les menottes : « Je suis obligé, vous comprenez ? »

Brassens avait raison : « Ce n'était rien qu'un peu de miel, mais il m'a réchauffé le cœur. » On me rapportera quelques jours plus tard la remarque à mon propos d'un des gendarmes présents ce jour-là : « C'est une affaire politique ! » Sur le coup, j'ai cru qu'il se trompait. Je sais aujourd'hui qu'il avait raison. J'ai rencontré l'intelligence, l'humanité, la gentillesse de la part de gens dont je n'attendais rien de tel. Et la haine, la prévention, l'étroitesse d'esprit, là où des responsabilités importantes devraient leur interdire de pénétrer. Grande leçon de choses.

J'entre dans la salle d'audience et me retrouve dans le box des accusés. Étrange impression ! Je connais cette salle, notamment pour y avoir plaidé dans l'affaire d'Henri Benhamou et tenté vainement de le faire libérer. Mais j'étais à une tout autre place.

Le conseiller rapporteur passe rapidement sur les

faits qui m'ont valu ma mise en examen. À ma stupeur, il insiste sur des « montages internationaux particulièrement hermétiques » que j'aurais mis en œuvre à des fins forcément inavouables, sans préciser lesquelles. Accusons, accusons, il en restera toujours quelque chose ! Les bras m'en tombent ! En quoi suis-je impliqué dans ces montages auxquels, durant toute ma carrière, je me suis toujours refusé, autant par réalisme que par civisme. J'ai vu, en effet, nombre de ces usines à gaz juridiques s'effondrer en entraînant les conseils, sur lesquels les bénéficiaires se hâtaient de reporter la responsabilité de l'échec.

L'avocat général requiert maintenant mon maintien en détention au seul motif que des investigations sont en cours. Autrement dit : « Gardez-le bien au chaud, le temps d'y voir plus clair ! » C'est un peu court. Qu'il faille procéder à des investigations, je ne le nie pas, et c'est leur problème, mais en quoi mon maintien en détention est-il l'« unique moyen » de parvenir à la manifestation de la vérité ? L'orateur ne me semble d'ailleurs pas très convaincu lui-même par ses arguments. Il me donne plutôt l'impression de « faire son boulot » sans états d'âme. Un minimum d'indépendance d'esprit lui ferait reconnaître qu'un contrôle judiciaire suffirait largement à permettre un bon déroulement de l'enquête. Il a d'autres soucis : l'esprit de corps, la nécessaire solidarité entre le parquet et les magistrats instructeurs. Pourtant, je sens que sa situation ne doit pas être très confortable. Il me connaît, j'ai plaidé plusieurs fois contre lui. Qu'importe ! Il sollicite mon maintien en prison.

Enfin, Michel Konitz prend la parole. Ému, il peine à entrer dans sa plaidoirie, mais c'est un professionnel. Son trouble ne dure pas et il demande à la chambre d'excuser son émotion. Il dit qu'il me sait incapable d'une quelconque malhonnêteté et que, le dossier étant vide, il tient la relaxe ou le non-lieu pour certain. Passé l'entrée en matière, il reprend les faits. De quoi s'agit-il ? Blanchiment ? Mais alors, j'aurais blanchi l'argent de quelqu'un que je ne connaissais pas encore. Faux et usage ? Il désigne un acte dont je ne suis pas l'auteur et apporte la preuve qu'il est la constatation d'un mouvement de fonds intervenu en 1993. Or, je le répète, il suffisait, et le juge l'a refusé, d'entendre quatre personnes et j'étais hors de cause. Quant au prétendu abus de confiance, il n'est pas difficile de montrer que c'est une plaisanterie de mauvais goût.

Quand je repense aujourd'hui à la plaidoirie de Michel, elle me rappelle la dépêche de l'AFP du 13 juillet — résultant d'une violation délibérée du secret de l'instruction — qu'il est en train de démonter point par point. Je l'ai tant lue et relue que je la sais par cœur : « Un avocat fiscaliste parisien, Me Allain Guilloux, a été mis en examen et écroué il y a une semaine dans le cadre d'une affaire de blanchiment d'argent, a-t-on appris jeudi de source judiciaire. Poursuivi pour “abus de confiance” et “blanchiment aggravé”, Me Guilloux a été placé en détention provisoire mercredi dernier, a-t-on précisé de même source. Des perquisitions ont été effectuées à son cabinet ainsi qu'à son domicile. Une demande de remise en liberté, présentée selon la procédure d'urgence dite du référé liberté, a été rejetée vendredi. Me Guilloux assurait la défense de M. Henri Benhamou, commerçant du quartier parisien du Sentier, mis en examen et incarcéré depuis près de huit mois dans une affaire de blanchiment entre la France et le Maroc. Au départ de cette affaire, des écoutes téléphoniques, réalisées dans le cadre d'un dossier de séquestration, avaient permis de mettre en évidence l'existence d'un réseau de blanchiment. » Qui était la « source judiciaire » ?

Pour l'heure, je vis de l'autre côté de la barre, avec les sentiments du prévenu qui écoute son avocat sans pouvoir intervenir. Va-t-il penser à dire ceci ou cela ? Pourquoi n'insiste-t-il pas davantage sur le fait que je n'ai jamais rencontré Benhamou avant l'acte notarié ? Ouf ! Il le fait ! Michel Konitz est un excellent professionnel ; il n'oublie rien. Je découvre la terrible angoisse de ceux pour lesquels je me suis présenté, pendant vingt-trois ans, devant un tribunal. Spectateurs passifs, ils assistent à une pièce dont ils ne comprennent pas forcément le déroulement et qui va peser sur le cours de leur existence. J'étais conscient de l'enjeu ; il suscitait le stress que je ressentais avant chaque audience et que je cachais soigneusement au client.

Je mesure encore mieux, maintenant, l'énorme responsabilité de l'avocat. Être clair, précis, bref, tenter de lire dans le regard des magistrats l'argument qui porte, celui qui indispose et sur lequel il faut passer rapidement pour ne pas perdre l'attention du tribunal. S'efforcer de clarifier l'affaire en évitant de se perdre dans la polémique ou l'anecdote. La quadrature du cercle : s'essayer à être exhaustif et synthétique. Aborder chacune des difficultés pour ne pas donner l'impression d'éluder, restituer à l'affaire toute sa simplicité pour faire de la décision proposée la résultante d'une évidence. Tout cela pour venir en aide à ceux qui nous ont accordé leur confiance et ont remis leur sort entre nos mains. Quel beau, quel difficile métier !

Le président me donne la parole en dernier. Je me lève. Tout a été dit par Michel Konitz. Que puis-je ajouter ?

— Sur mon honneur, avec le respect que je dois à la cour, j'affirme que je suis innocent. Je n'ai commis aucun des délits qui me sont reprochés, blanchiment, faux ou abus de confiance, et je n'ai jamais été l'instigateur d'un quelconque montage frauduleux.

C'est fini. Deux gendarmes me raccompagnent à ma cellule. Ils m'épargnent les menottes. Je retrouve leur camarade qui, spontanément cette fois, m'offre une cigarette. Un peu plus tard, nous descendons à la souricière. Une heure d'attente. Nouvelle fouille avant la reconduite à la Santé.

À la Santé, je retrouve mes compagnons, à la promenade. D'un naturel discret, René ne pose aucune question. Jean-Marc, spontanément, m'interroge sur mes impressions. Un avocat ne livre jamais ses impressions d'audience et, même incarcéré, je reste un avocat. Je m'en tire par un : « Je ne sais pas, on verra bien. » Jean-Marc est certain que je vais sortir. Il le sent. Il le sait. Il m'affirme qu'il porte chance à tous ceux qu'il côtoie.

Nous sommes encore en train de tourner dans la cour lorsqu'un gardien crie mon nom. Je suis appelé au greffe. Une surveillante m'attend : « J'ai deux nouvelles à vous communiquer. Une bonne et une mauvaise. La bonne, c'est que vous êtes libre. La mauvaise, c'est que vous êtes placé sous contrôle judiciaire. Il vous faut verser 2 millions de francs de caution avant de sortir. » Je la sens sincère. Trouver 2 millions de francs est une intenable gageure.

Impossible, en tout cas, avant ce soir. Je passerai donc le week-end avec Jean-Marc et René.

Je retourne à la promenade. Jean-Marc lance l'une des formules dont il a le secret : « S'il s'agissait de moi, 2 millions de francs ? Tu jettes la clef de la porte au fond du puits et on oublie ! » La somme lui paraît exorbitante. Moi-même, je n'imagine pas que Joëlle puisse la réunir en quelques heures. J'ai beaucoup d'amis fortunés. Ils ne me laisseront pas tomber, mais une souscription de cette ampleur exige du temps.

Il est 18 heures et nous venons de nous mettre à table — on dîne tôt en prison — quand la porte s'ouvre :

— Guilloux, vous êtes libéré. Prenez vos affaires.

Ébahi, je fais en hâte mon paquetage avec l'aide de Jean-Marc et René, à qui je laisse l'essentiel de ma maigre garde-robe. Rires, embrassades, et je quitte la D 131. On me conduit à la fouille. Pour les formalités de levée d'écrou. Il faut attendre dans une minuscule cellule à la porte vitrée. Le chef est en train de dîner. Le temps, qui n'avait plus d'importance depuis quinze jours, me paraît extraordinairement long. Le chef arrive et, prévenant, fait accélérer les formalités en m'indiquant que ma femme et mon fils m'attendent devant la porte depuis le milieu de l'après-midi. Comment diable Joëlle a-t-elle pu trouver tant d'argent en si peu de temps ? J'ai la réponse au greffe. Mon ami Gérard Depardieu a avancé la somme.

Sur le chemin de mon domicile quitté bien malgré moi, Joëlle me raconte son angoisse de me savoir une journée de plus en prison. Sans perdre un instant, elle établit une liste de mes amis susceptibles de m'aider. Elle pensait pouvoir réunir la somme en demandant à chacun une partie de la caution. Gérard était le premier des noms. Elle l'a appelé et a eu la chance de tomber sur lui. Il la connaissait à peine.

— Tu n'auras pas le temps de trouver 2 millions d'ici ce soir. Il n'est pas question que mon Lainlain passe un week-end de plus en prison ! Je donne des instructions immédiatement. Passe à ma banque à Saint-Germain-en-Laye et tout sera prêt.

« Lainlain » est le sobriquet amical qu'il me donne. Son geste ne m'a pas étonné. Depuis longtemps, je savais qu'il n'est pas grand seulement à la scène et à l'écran. Prêter comme cela, à main levée, 2 millions sans garantie, alors que je suis pris dans une affaire dont, après tout, il ne sait rien. Quelle générosité ! Et quelle marque de confiance ! Mon fils Rodolphe va, à tombeau ouvert, chercher le chèque à Saint-Germain-en-Laye. Il est déposé au greffe de la prison dix minutes avant la fermeture.

La générosité de Gérard Depardieu lui vaudra d'être convoqué et interrogé. Pour faire bonne mesure, le juge entendra aussi le banquier retraité, vieil ami de Depardieu qui tient ses comptes depuis toujours. Il est donc, lui aussi, suspect ! Bien entendu, dès le lendemain matin, la convocation et son objet sont dans *Le Parisien.* Comment s'est-il procuré l'information alors que personne n'avait eu accès au dossier ? Le signataire de l'article, Laurent Valdiguié, émet deux hypothèses également honteuses. Gérard, par le moyen de la caution, m'aurait réglé des honoraires. Ou encore, il aurait eu la garantie d'être remboursé sur des fonds dissimulés hors de France !

Admettre qu'il existe des nobles caractères et des grands seigneurs, c'est trop demander à Philippe

Courroye. Gérard a écrit directement au garde des Sceaux pour qu'il soit fait une enquête sur l'origine de la fuite. Il attend encore la réponse. Pour ma part, j'ai envisagé de déposer plainte pour violation du secret de l'instruction. Mes conseils m'en ont dissuadé, persuadés que cela ne servirait à rien. Toujours le pessimisme des pénalistes ! Je passerai outre. C'est au client que revient la décision finale après avoir écouté les avis de ses conseils. Je dois cet argent à Gérard. J'ai peur de le lui devoir longtemps. Dans quelques semaines, on va en effet m'interdire de gagner ma vie.

Le chef qui m'a accueilli m'accompagne jusqu'à la porte de la Santé. Il s'attendait à ma libération dans le courant de la semaine suivante. Sur le trottoir, il me serre la main avec le sourire.

— Dépêchez-vous, on vous attend. Je ne vous dis pas à bientôt.

18

Dès le lundi qui suit ma libération, je passe à mon cabinet saluer mes collaborateurs et mes secrétaires, prendre la température, évaluer les dommages. Avec satisfaction, je constate qu'à de très rares exceptions près, ma clientèle m'a maintenu sa confiance. J'apprends de mes collaborateurs que, pendant ma mise à l'écart, Alain Belot avait proposé son aide. Robert Bouquet lui avait alors suggéré, en vain, de régler sa quote-part de loyer qu'il refusait de payer depuis notre séparation, près d'un an auparavant. Quoi qu'il en soit, je vais le trouver pour le remercier de son offre de service. Il se fige en me voyant lorsque je pénètre dans son bureau. Son soulagement quand il apprend le motif de ma visite me laisse perplexe.

Je pars immédiatement me reposer à la campagne chez mon ex-épouse. Je vais rester prostré quinze jours durant. Cette période est plus dure que celle de la détention ; ma stupéfaction incrédule à me trouver derrière les barreaux m'a fait vivre, en quelque sorte, sous anesthésie, entre parenthèses, presque comme un observateur étranger à la situation. Le contrecoup est terrible. J'erre comme un zombie, la tête totalement vide, incapable de me concentrer et de soutenir une conversation.

Le deuxième jour, je suis assis dans le jardin, abîmé dans mes réflexions, lorsque, comme s'il avait attendu mon retour pour me voir une dernière fois, mon vieux chien, un boxer de près de quinze ans, vient mourir à mes pieds. Absent de moi-même, angoissé, que dis-je, terrorisé par le moindre bruit en provenance de l'extérieur, je sursaute à la sonnette de la porte d'entrée, à la sonnerie du téléphone. Je prends la sirène des pompiers pour celle, menaçante, de la police. On vient me chercher, c'est sûr ! Il me faut me lever comme mes compagnons de la Santé m'ont appris à le faire. Ma consommation de Lexomil monte en flèche.

Je cherche à comprendre ce qui s'est passé, à décrypter la suite des événements. Comment ai-je pu aller en prison alors qu'aucun délit ne peut sérieusement m'être reproché ? À la fin de la seconde semaine, la réponse s'impose, évidente. Si je veux démêler l'écheveau, je dois impérativement parvenir à la dénonciation, premier acte de la machination, et suivre ses pérégrinations, connaître le traitement qui lui a été réservé, identifier les services qui en ont eu connaissance.

19

En prison, j'avais promis à René, l'un de mes codétenus, de l'aider. Transféré à Paris pour comparaître en correctionnelle, il ne connaissait pas son avocat, désigné selon les recommandations de sa famille. Il s'agissait d'une jeune femme qui était venue le visiter avant son départ en vacances. Il ne l'avait entrevue qu'une seule fois et se montrait inquiet. Je lui avais offert mon aide dans l'hypothèse où je serais libéré par la chambre d'accusation. Chose promise, chose due. À peine élargi, j'appelle le cabinet de ma consœur. Elle s'avère être la collaboratrice de Pierre Haïk. Il ne pouvait faire meilleur choix. Je retourne à la Santé pour l'informer et soutenir son moral, lui qui, en cellule, a tant soutenu le mien.

À mon arrivée, quelques fonctionnaires de la pénitentiaire m'assurent discrètement de leur sympathie. « Je suis heureuse de vous revoir, me dit une jeune surveillante. Je préfère vous accueillir dans ces conditions. » Je croise la femme médecin qui s'inquiétait de mon rythme cardiaque et de mon taux de cholestérol : « Je vous avais bien dit que cela ne durerait pas longtemps, qu'il n'y avait pas lieu de tomber dans le désespoir. Quand je pense que vous parliez de suicide si les choses duraient trop ! J'avais raison d'être optimiste. »

René arrive au parloir. Littéralement pétrifié pendant quelques secondes. Il pensait de toute évidence que je l'oublierais sitôt la porte franchie. Je le rassure, son avocate doit rentrer de vacances dans quelques jours. Il la rencontrera dès son retour.

À ce titre, je reviens deux fois à la Santé sans encombres. À ma quatrième visite, les choses se gâtent. René est depuis quelques minutes au parloir, où je négocie avec le gardien de service la remise de deux codes que j'ai apportés à la demande de mon ancien compagnon de cellule, lorsque, derrière moi, j'entends prononcer mon nom. Je me retourne. Je fais face à trois hommes que je n'avais pas entendus entrer. L'un d'eux s'avance :

— Maître Guilloux ?

— Oui.

— Je suis officier de police. Vous êtes mis en garde à vue.

Jamais encore, en France, un avocat n'a été placé en garde à vue à l'intérieur même d'une maison d'arrêt où il se trouvait dans l'exercice de sa mission. Je suis littéralement KO debout.

— En garde à vue ? Mais pourquoi ?

— Est-ce que vous reconnaissez ce permis de communiquer ?

— Bien sûr. C'est le mien.

— C'est un faux. Suivez-nous.

— Mais c'est absurde ! Vous n'avez rien d'autre à me reprocher que ce permis ?

— Non.

L'accusation est si extravagante que je pense aussitôt qu'elle recouvre une machination. Mon permis est parfaitement régulier, est-il besoin de le dire ? S'il avait donné lieu au moindre problème, le substitut aurait pu aisément me téléphoner et me demander de passer le voir à son cabinet. Il s'est bien gardé de le faire.

À l'attitude du personnel, je comprends en un éclair que la direction a dû considérer comme une véritable provocation mon retour plusieurs fois de suite en qualité d'avocat d'un ancien codétenu. Pourtant, je n'avais pas l'intention de la défier. Mais cette histoire de faux permis cache peut-être autre chose.

Jean-Marc, libéré quelques semaines plus tôt, m'a accompagné. Il m'attend devant la Santé, ma visite ne devant durer que quelques minutes. À mon départ, je lui avais laissé une paire de chaussures. Il est venu me la rendre et nous avons saisi l'occasion pour déjeuner ensemble. Afin qu'il ne fasse pas inutilement le pied de grue, je demande à un policier de le prévenir. Idée funeste car il va être embarqué lui aussi.

L'officier de police me signifie ma garde à vue au moyen d'un procès-verbal manuscrit. Dès que celui-ci est rédigé, je m'étonne que l'on ne parte pas immédiatement pour la rue du Château-des-Rentiers, où je dois être entendu.

— Impossible. On attend une seconde équipe.

Deux équipes pour moi tout seul ? Je suis de plus en plus éberlué. Lorsque, enfin, nous sortons de la maison d'arrêt, je comprends. La voiture de Jean-Marc, à bord de laquelle nous sommes venus, est entourée de policiers. La seconde équipe l'emmène.

Nous nous retrouvons rue du Château-des-

Rentiers. Dans le parking, il passe devant moi, encadré de trois policiers. Sans bouger la tête, il me jette un regard qui semble me dire de ne pas m'inquiéter pour lui et de ne penser qu'à mes propres problèmes.

— Identité ? Adresse ? Noms du père et de la mère ? Situation de famille ? Profession ? Montant des revenus ? Patrimoine ?

Tourne, manège ! Les officiers de police sont courtois, comme tous les policiers auxquels j'aurai eu affaire. Je vois avec inquiétude le temps passer et mon week-end à la campagne se transformer en un second séjour au centre du 13e arrondissement. Bientôt, il n'y aura plus personne au Palais de Justice. Je serai embastillé jusqu'au lundi.

J'insiste pour que l'on appelle Serge Kierszenbaum. Fiscaliste, visitant rarement mes clients en prison, je lui avais demandé de me servir de guide dans le dédale du Palais de Justice pour aller retirer le permis dont l'authenticité est si étrangement mise en cause.

— Mais laissez-moi donc, dis-je aux policiers, téléphoner à Me Kierszenbaum. Appelez-le vous-mêmes, si vous préférez. Il est en vacances en Espagne, mais il a son portable. Il vous indiquera immédiatement le service qui nous a délivré nos permis. En deux minutes, vous aurez dissipé ce malentendu !

J'insiste. Personne ne bouge. Agacé, un policier coupe court à mon insistance en me rétorquant que si le parquet a demandé une enquête, c'est qu'il a vérifié que mon permis était un faux. Voilà comment prennent naissance les erreurs judiciaires, sur des vérifications supposées et non confirmées. Ce ne fut pas le cas ce jour-là. Au bout d'une demi-heure, le commissaire fait son apparition dans le bureau. Il a une autre idée, encore plus simple.

— On va aller au palais et vous me montrerez le service qui vous a délivré votre permis.

À peine monté dans la voiture, il se tourne vers moi :

— Il est bon, votre permis ! Je veux bien vous croire des talents de faussaire, mais pas à ce point-là.

Je me sens infiniment las. Je sors de prison, fragilisé, érodé par l'épreuve. J'ai le sentiment que cela n'en finira jamais. Ce n'était que le début.

Nous voici enfin arrivés. Je reconnais la porte par laquelle Serge Kierszenbaum et moi avons accédé au service compétent. Le commissaire monte voir le substitut dans son bureau. Ils en redescendent tous les deux quelques minutes plus tard. Le substitut interroge à la cantonade :

— Qui est Me Guilloux ?

— C'est moi.

En tenue de week-end, jean et blouson, je ne me distingue guère des policiers qui m'entourent.

— Je suis désolé, maître. Il s'agit d'une erreur de nos services. On a retrouvé votre demande de permis. Je vous fais mes excuses à titre personnel et au nom de la justice.

Il nous invite, le commissaire et moi, à monter dans son bureau et s'y livre à une tentative embarrassée d'explication. À l'en croire, la signature du magistrat n'avait pu être identifiée. Allons donc ! Il aura fallu une heure pour le faire alors que cela avait été impossible en trois semaines ? On se moque de moi maintenant.

— N'était-il pas plus courtois de m'appeler si un

doute subsistait ? Était-il vraiment nécessaire de recourir à la garde à vue ?

— Vous comprendrez aisément, maître, qu'après ce qui vous est arrivé, on puisse être méfiant.

C'est le comble. Accusé injustement, incarcéré arbitrairement, me voici maintenant signalé à l'encre rouge. Attention, avocat taulard, donc avocat marron ! Dans l'espoir de me prendre en flagrant délit d'usage de faux, on m'a tendu une souricière. Un de mes fidèles, toujours présent dans ces heures troubles, résumera la situation dans le vocabulaire de la Santé : « On t'a fait un travail pour te lever en flag et te faire tomber. »

Je quitte le substitut sur un dernier renouvellement de ses peu satisfaisantes excuses et l'on me ramène dans les locaux de la police pour lever la garde à vue. À ma grande surprise, je vois Jean-Marc pénétrer dans le bureau. Il a refusé de partir sans moi. « Je suis venu, avec un avocat faussaire et je repartirai avec un avocat faussaire ! » a-t-il répondu crânement.

Les policiers, manifestement étrangers à l'incident, sont stupéfaits de l'énormité de la bévue dont je suis victime. Ils se demandent visiblement ce qui leur serait arrivé s'ils avaient commis une telle bavure.

— Voyez combien il faut être prudents ! lance le commissaire à leur intention, et peut-être aussi à la mienne car je sens très bien qu'il désapprouve la légèreté dont les magistrats ont fait preuve.

Un officier de police nous raccompagne tous deux à la voiture de Jean-Marc. Dès que nous sommes seuls, je lui dis combien j'ai eu peur pour lui. Il éclate de rire. Il a trouvé beaucoup de sel à la situation. Les policiers l'ont placé en garde à vue pour complicité d'usage de faux. Très logiquement, il a fait observer qu'il était tout de même difficile d'imaginer un avocat fabriquant un permis de communiquer alors qu'il lui suffisait de le demander. Il a dit et répété qu'il était présent dans la cellule au moment où René m'avait désigné. Il conclut : « Je me suis bien marré ! » Moi, beaucoup moins. Il va me falloir quarante-huit heures pour me remettre de cette nouvelle mésaventure.

J'ai pu finalement passer mon week-end à la campagne et ne suis jamais retourné voir René. Il m'a écrit une lettre pleine de sagesse et d'amertume : « Pour une fois que quelqu'un voulait me venir en aide. » Il avait l'impression d'être un pestiféré. J'ai appris que son avocate avait obtenu une excellente décision devant le tribunal. Ses affaires sont jugées, il lui reste encore à purger quelques années de détention afin d'apurer son passé. Son horizon s'éclaircit. Je m'en réjouis.

J'entends encore le chœur des prudents : « Venir en aide à un compagnon de cellule, quelle idée ! » Un ancien bâtonnier m'en a fait l'amical reproche : « Ce genre d'initiative hors des usages est en général peu apprécié, même si c'est tout à votre honneur. Il serait peut-être temps de penser à vous. » Certes, mais il n'a pas vécu quinze jours à trois dans une cellule sans avoir à souffrir un instant de cette promiscuité forcée. Il ignore, heureusement pour lui, la solidarité qui naît parfois dans les lieux de malheur.

Qu'on ait pu placer un avocat en garde à vue à l'intérieur même d'une prison en dit long sur le comportement d'une administration capable d'infliger pareil traitement à un membre du barreau. Je suppose que le substitut du procureur est, ce soir-là, rentré tranquillement chez lui et qu'il a oublié l'incident. Il a fait mettre sans raison un avocat en garde à vue ? Bagatelle. Qui lui en a demandé compte ? Personne. Alerté, le bâtonnier y est allé d'une lettre au procureur de la République. On en restera là. Réaction bien timorée comparée à la gravité des faits. À force de reculades systématiques, l'Ordre finira par disparaître de l'horizon. À qui la faute ? Ses membres sont élus, il n'est que l'émanation de tous les membres du barreau. Ils seraient avisés de ne pas garder la tête dans le guidon. Quand ils la relèveront, il sera peut-être un peu tard.

20

Je m'attendais à tout sauf au nouveau coup qui va m'être assené. Le 15 septembre 2000, je suis à Melun où j'ai rendez-vous à la direction des services fiscaux à propos d'une affaire particulièrement inique qui s'éternise depuis plusieurs années. Mon client a hérité de son père un immeuble dans le centre de Paris. Il l'a évalué selon les indications de son notaire. Quelques mois après le dépôt de la déclaration de succession, une société de marchands de biens lui fait une offre inespérée, supérieure au double de l'évaluation. C'est le temps de la pleine folie spéculative sur l'immobilier. Mon client a vendu au prix offert et immédiatement déposé une déclaration de succession rectificative. Il a réglé le supplément de droits de succession sur la base du prix réel de vente. Or, l'administration lui a notifié une plus-value sur le fondement de la première déclaration de succession. Il y a donc double imposition évidente, non contestée, résultant du cumul des droits d'enregistrement et de l'impôt sur le revenu.

Pour la première fois depuis bien des années, je suis reçu par une fonctionnaire compréhensive et attentive. C'est la directrice divisionnaire responsable du service du contentieux. Elle ne semble pas, comme tant d'autres, se moquer de ce que l'affaire ait gravement affecté la santé de mon client. Le rendez-vous est positif. C'est de bonne humeur qu'avant de rentrer à Paris je rends visite à Joëlle à Bourron-Marlotte. Je suis de retour au cabinet depuis deux heures environ lorsque la secrétaire m'appelle : « Des messieurs vous demandent. »

Je sors de mon bureau et me trouve en présence d'une demi-douzaine de personnes. La chasse à courre continue ! Je reconnais le commissaire de police qui m'a emmené au Palais de Justice pour vérifier l'authenticité de mon permis de communiquer.

Un homme s'avance vers moi et se présente :

— Armand Riberolles, juge d'instruction. Nous sommes venus chercher la cassette de M. Jean-Claude Méry.

Sur le chemin du retour, j'ai appris par la radio que ce magistrat venait de perquisitionner les bureaux de la société d'Arnaud Hamelin. Le fait qu'il se présente sur-le-champ à mon cabinet implique que le journaliste n'a pas voulu se réfugier derrière les dispositions de l'article du code pénal qui l'autorisait à ne pas dévoiler ses sources d'information.

— Puisque vous êtes là, je suppose qu'Arnaud Hamelin vous a indiqué que je lui ai remis la cassette que je détenais. Je n'en ai pas d'autre.

Le magistrat me toise.

— Monsieur Guilloux, il existe deux possibilités. La première, c'est que vous me remettiez la cassette de bon gré. Dans ce cas, il n'y aura aucune difficulté. Dans le cas où vous persisteriez dans une autre attitude, cela ne pourrait que mal se terminer pour vous.

— Je ne peux pas vous donner une cassette que je n'ai plus.

Soudain, je comprends. Il y a maldonne.

— Si c'est l'original que vous recherchez, je ne l'ai jamais eu. Il a toujours été en la possession de mon associé Alain Belot.

— Où puis-je le trouver ?

— Dans le bureau d'en face.

Le petit groupe traverse le couloir. La porte est restée ouverte. Visiblement très impressionné, Alain Belot se lève et se met au garde-à-vous derrière son bureau. M. Riberolles lui demande la cassette. Avec stupéfaction, je l'entends répondre :

— Je ne l'ai plus. Je l'ai détruite après la mort de Jean-Claude Méry.

Le juge le foudroie du regard.

— Vous rendez-vous compte que vous vous êtes rendu coupable du délit de destruction de preuves ?

— Je l'ai détruite après la mort de Jean-Claude Méry. J'avais un devoir moral, je n'avais pas d'autre choix.

— Je n'avais pas d'autre choix, répète Belot. J'avais un devoir moral... J'avais un devoir moral, répète-t-il à l'intention du représentant du bâtonnier qui se garde bien de donner son sentiment.

Les bras m'en tombent.

Comment nos relations ont-elles pu se dégrader à ce point ? Jamais je n'aurais imaginé qu'il pût faire disparaître l'original de la cassette, alors qu'elle devait être restituée à Arnaud Hamelin en cas de décès de Jean-Claude Méry. Je découvre un nouvel aspect de l'homme avec qui j'ai partagé une vie professionnelle pendant huit ans et pour lequel j'ai éprouvé naguère une sincère amitié !

Le juge me demande de retourner dans mon bureau, où il veut m'entendre comme témoin. Il me fait prêter serment et je lui raconte le peu que je sais de cette affaire. Jean-Claude Méry est venu consulter Alain Belot à la suite de difficultés avec l'administration fiscale. Je savais par la presse que l'on avait découvert, lors d'une vérification de la comptabilité de sa société, l'existence de factures douteuses. Les services fiscaux en avaient informé le parquet. C'est le point de départ de l'affaire des HLM de Paris.

Au bout d'une demi-heure, Armand Riberolles suspend mon audition pour interroger Alain Belot. Deux heures d'horloge plus tard, je l'entends l'apostropher sur un ton peu amène :

— Cessez d'avoir ce comportement de garçon de café ! Vous avez d'abord déclaré que vous aviez détruit la cassette. Vous nous dites maintenant l'avoir remise à M. Strauss-Kahn à l'occasion d'un rendez-vous à propos du dossier fiscal de M. Karl Lagerfeld. Quelle est la bonne version ? Il faudrait savoir !

Le policier assis en face de moi voit mon effarement et se lève pour fermer la porte de mon bureau.

— Moins vous en saurez, mieux cela vaudra pour vous.

Mais à quoi peut bien rimer tout cela ? Voici maintenant qu'il est question de DSK et de Lagerfeld ! Que viennent-ils faire dans cette histoire de cassette ?

Après trois heures d'interrogatoire, Alain Belot, hagard, sort de son bureau pour satisfaire un besoin naturel. Sur le pas de la porte, le juge lui demande comment il se sent.

— Physiquement, ça va ; moralement, c'est autre chose.

Encore quelques heures d'interrogatoire et le magistrat vient me chercher. Il me conduit dans le bureau de Belot pour y achever ma déposition. Il a été rejoint par un collègue qui se présente : « Marc Brisset-Foucault, juge d'instruction. » Armand Riberolles tient en main le procès-verbal manuscrit des déclarations de Belot. C'est une liasse d'une épaisseur impressionnante. Qu'a-t-il pu raconter pendant une audition qui, au total, n'aura pas duré moins de cinq heures ?

— Saviez-vous que Belot avait remis la cassette à Strauss-Kahn ?

— Non, bien sûr. Je l'ignorais totalement.

Le juge me lit des passages de la déclaration d'Alain Belot. Il est allé jusqu'à prétendre avoir subi des pressions constantes de ma part pour qu'il « négocie » la cassette avec Dominique Strauss-Kahn ! C'est la meilleure ! Il l'a remise au ministre à mon insu. Contre quoi, grand Dieu ? Je mets les choses au point :

— Tous les membres du cabinet pourront vous dire que, depuis que j'ai informé Belot de ma décision de me séparer de lui, nous ne nous adressons plus la parole.

L'attitude des deux magistrats semble indiquer qu'ils ne croient pas à la véracité des accusations me visant. Armand Riberolles me demande si je me souviens du rendez-vous au cours duquel j'ai présenté Hamelin à Méry et à Belot. Je dois dire que je n'en ai pas gardé le souvenir, mais je ne nie pas qu'il ait pu avoir lieu.

Le juge prend un ton solennel.

— Au cours du rendez-vous en question, Jean-Claude Méry a déclaré qu'il avait remis la somme de 5 millions de francs en espèces à M. Michel Roussin, et cela, en présence de M. Chirac, alors Premier ministre. Vous vous trouvez au cœur d'une affaire d'État. Après vérification, il apparaît qu'aucun délit ne peut vous être reproché. Par ailleurs, je vous rappelle que vous êtes entendu sous serment, en tant que témoin. La justice ne vous pardonnerait pas de taire la vérité. Réfléchissez bien.

Je l'écoute, perplexe. Que veut-il dire ? Envisage-t-il de détruire le procès-verbal en cours de rédaction ? Impossible, ce serait un acte grave. Alors ? Je ne peux tout de même pas mentir dans le seul but de lui être agréable et de lui dire ce qu'il souhaite apparemment entendre.

— Je suis désolé, mais Jean-Claude Méry n'a jamais tenu devant moi ce genre de propos.

J'explique une fois de plus que cette histoire ne concernait qu'Alain Belot. Je ne connaissais pas Méry et ignorais tout de ses agissements.

Nos visiteurs quittent le cabinet vers 1 h 30 du matin. Avant de rentrer chez moi, rompant la règle que je m'étais imposée, j'adresse la parole à Alain Belot. Je lui demande pourquoi il a évoqué le dossier Lagerfeld. Sa réponse me laisse pantois. Il prétend avoir voulu illustrer la façon dont un dossier peut être réglé avec le cabinet du ministre à la satisfaction totale des services fiscaux ! Sans doute, mais quel rapport avec la cassette Méry ? Quant à sa remise de la cassette à DSK, il n'en souffle mot.

Je sors de l'immeuble avec deux collaborateurs demeurés avec moi. M'ayant déjà vu embarquer brutalement, ils sont restés dans l'intention de prévenir les miens si la même mésaventure survenait. Sur le trottoir, une meute de journalistes et de cameramen nous prend d'assaut. Ils ne connaissent pas Alain Belot qu'ils confondent avec un des collaborateurs qui m'accompagnent. Celui-ci, agacé d'être mitraillé de flashes, leur dit qu'ils se trompent et que Belot va sortir dans quelques minutes. Déçus, les photographes reprennent leur faction devant la porte de l'immeuble. La photo de Belot, hébété, comme un homme en perdition, paraîtra dans tous les journaux du lendemain.

J'ai peine à trouver le sommeil cette nuit-là. Je réfléchis. Puisque Alain Belot a remis la cassette à DSK du vivant de Jean-Claude Méry, il me semble inconcevable qu'il ait pu s'en dessaisir sans la demande ou au moins l'accord de ce dernier. Il n'aurait certainement pas pris le risque de se retrouver dans l'incapacité de la restituer s'il venait à la réclamer. Mais pourquoi Méry aurait-il souhaité faire parvenir la cassette à DSK ? Je me perds en conjectures.

Le lendemain, la presse, décidément bien informée, sait déjà qu'Alain Belot a déclaré avoir remis la cassette à DSK à l'occasion d'un rendez-vous pris avec le ministre pour résoudre le litige opposant depuis des années Karl Lagerfeld à l'administration des impôts. Les journaux rappellent benoîtement qu'à l'époque, DSK envisageait de se présenter à la mairie de Paris. Les révélations de Jean-Claude Méry pouvaient donc présenter pour lui un intérêt considérable. Voulait-il les utiliser comme une arme dans la conquête de la capitale ? Y avait-il eu trafic d'influence, sous la forme d'une faveur fiscale en contrepartie de la remise de la cassette ? La question hante les esprits des journalistes comme ceux des magistrats.

Interrogé par le juge sur les raisons pour lesquelles il avait remis la cassette au ministre, Belot devait déclarer ultérieurement qu'il ne recherchait aucune contrepartie.

On connaît la suite. L'enquête de Marc Brisset-Foucault ne débouchera sur aucune preuve, mais le juge, estimant que le dégrèvement consenti à Karl Lagerfeld était une contrepartie de la remise de la cassette, demandera le renvoi de l'ancien ministre devant la Cour de justice de la République, du double chef de corruption et de concussion. Le procureur Jean-Pierre Dintilhac ne retiendra que le délit de concussion constitué par un avantage fiscal estimé indû. Il sera désavoué par Jean-François Burgelin, lequel jugera que Dominique Strauss-Kahn n'a fait que suivre l'avis des services fiscaux donné dans une note de la DGI.

Bref, on retiendra la solution de bon sens que j'avais préconisée lorsque je suivais le dossier de Karl Lagerfeld. Beaucoup de bruit pour rien. Mais Dominique Strauss-Kahn aura été la victime de cet assourdissant battage médiatique et judiciaire.

21

Comme moi-même, Karl Lagerfeld se trouve pris dans les remous d'une affaire où il ne devrait figurer à aucun titre. Je le connais depuis septembre 1993, date à laquelle il m'a été adressé par son avocat habituel. Il se défendait contre les prétentions du fisc français depuis de nombreuses années. La direction générale des impôts voulait à toute force le domicilier en France et l'imposer sur l'ensemble de ses revenus en provenance du monde entier.

Karl Lagerfeld est un être d'exception, un monstre de talent, d'intelligence et de culture, l'une de ces personnalités hors normes qu'on a peine à faire tenir dans le lit de Procuste des dispositions législatives destinées au commun des mortels. La renommée internationale de l'homme au catogan l'amène à développer ses activités dans le monde entier : il exerce son immense talent en France, en Italie, en Allemagne, aux États-Unis, au Japon et ailleurs. En perpétuel déplacement, il ne séjourne vraiment dans aucune des résidences qu'il possède dans plusieurs pays. C'est pourquoi, en toute bonne foi, je jugeais abusif de domicilier un tel personnage en

France au sens de la loi fiscale, laquelle définit le domicile en fonction des séjours, de l'activité professionnelle ou du centre des intérêts économiques. Il ne répondait à aucun de ces trois critères. Étroitement lié à la famille souveraine de Monaco, il avait élu domicile dans la principauté, où il disposait d'un vaste appartement. J'avais fait le déplacement spécialement pour m'en assurer, et il me paraissait que l'État français ne pouvait prétendre uniquement qu'à l'imposition de ses revenus de source française. Seule cette solution était justifiable en droit et en équité. Elle fut, on l'a vu, retenue par M. Strauss-Kahn, sans qu'il fût besoin d'imaginer de tortueuses transactions.

Contrairement à ce qu'a raconté une partie de la presse, aussi péremptoire qu'ignorante, s'il y avait eu contrepartie à la remise de la cassette, ce que j'ignore, cela ne pouvait être en aucun cas à propos de ce dossier. On a également évoqué, parfois avec jubilation, une « intervention » de l'Élysée avant celle de M. Strauss-Kahn. Là encore, on méconnaît aussi bien les usages que les données particulières du dossier. En matière fiscale, les interventions auprès du ministre sont légion. Il est normal et inévitable que le contribuable s'adresse à l'autorité la plus élevée, lorsqu'il a le sentiment que cette démarche représente sa dernière chance. Ce n'est pas pour autant que les dossiers sont traités arbitrairement et que le ministre fait valoir sa volonté au mépris de toute règle de droit.

En effet, la DGI, beaucoup plus puissante qu'un ministre de passage, ne peut être manipulée facilement. Les ministres, quels qu'ils soient, la redoutent, et ne peuvent méconnaître ses conclusions. S'ils sont tentés de le faire, ils sont retenus par la crainte de voir les passe-droits révélés par la presse et de s'exposer au bec du *Canard*. Le seul avantage que puisse obtenir le requérant est que son dossier soit examiné avec le recul nécessaire, hors de la passion qui peut animer sur le terrain les fonctionnaires impliqués dans l'affaire. Avantage non négligeable, tant il serait naïf de croire que l'examen du dossier est indépendant de la personnalité qui s'y livre et du contribuable concerné. Sans doute y apporte-t-on plus de soin et davantage de précaution lorsqu'il s'agit d'une personne importante. Le cabinet du ministre peut aussi être amené à prendre des décisions d'équité ou d'opportunité. Y a-t-il lieu de lui en faire le reproche ?

En l'espèce, Karl Lagerfeld avait fait part de ses difficultés à Bernadette Chirac, qu'il connaissait. Elle avait, le plus naturellement du monde, fait demander au ministère compétent de veiller à ce que le dossier soit examiné avec tout le sérieux nécessaire. Cela n'a rien à voir avec des directives dans le règlement du litige. J'avais cessé d'intervenir dans ce dossier en 1995, soit bien avant que Strauss-Kahn fût devenu ministre, pour le transmettre à mon associé Alain Belot, procédant comme je le faisais chaque fois qu'il était en rupture de dossier, ne disposant lui-même d'aucune clientèle propre.

Enfin, dans l'affaire Lagerfeld, certains commentateurs malveillants ont tiré argument de la discordance entre les prétentions de l'administration et les droits acquittés. Tous les fiscalistes savent que, fort heureusement, ceux-ci sont sans commune mesure avec celles-là, soit que les premières exigences aient été revues à la baisse, soit qu'elles aient été purement et simplement abandonnées au cours de la procédure de redressement, dans le cadre du débat oral et contradictoire auquel a droit tout contribuable vérifié, soit que les droits aient été dégrevés par le juge de l'impôt.

La maladresse des déclarations de Dominique Strauss-Kahn sur ce point n'a pu qu'accroître le trouble. Il a fait valoir que l'administration s'en sortait bien, puisque jusqu'alors elle n'arrivait pas à faire régler le moindre impôt à Karl Lagerfeld, tandis que, grâce à la transaction, des sommes non négligeables étaient rentrées dans les caisses de l'État. Peu après, j'ai rencontré par hasard l'humoriste Jean-Marie Bigard, qui a eu cette remarque : « C'est comme aller dire à son percepteur : "Mon vieux, c'est tout ce que je vous donne. C'est ça ou rien ! Si vous prenez pas, c'est tant pis pour vous, mais vous n'aurez rien de plus." » Pertinent raccourci des propos malheureux d'un ministre qui cherchait à se disculper pour une faute qu'il n'avait pas commise.

Pour ce qui est d'Arnaud Hamelin, lui aussi attiré sans motif sérieux dans le maelström médiatico-judiciaire, je le connaissais depuis de nombreuses années. J'avais été son avocat et je continuais à suivre pour lui une queue de contentieux fiscal. Journaliste d'investigation confirmé, bénéficiant d'une excellente réputation professionnelle, il était le patron d'une agence de presse. Quand Alain Belot m'avait fait savoir que Méry souhaitait rencontrer un journaliste « indépendant » pour réaliser une interview qui fera date, c'est tout naturellement que je lui avais donné les coordonnées d'Hamelin.

Les deux hommes conviennent ce jour-là de réaliser l'interview filmée de Méry. Alain Belot va y assister. À son retour, je me souviens lui avoir demandé comment s'est passé le tournage, sans chercher à en connaître la teneur, qui était le cadet de mes soucis. Il m'a dit s'être fait remettre l'original de la cassette à la demande de Jean-Claude Méry, lequel ne voulait pas qu'elle fût utilisée de son vivant, sauf instruction expresse de sa part. En revanche, il était convenu — cela m'a été rapporté en termes rigoureusement identiques par Alain Belot et Arnaud Hamelin — qu'en cas de décès de Méry, et sauf opposition formulée expressément par lui ou par sa famille, la cassette devait être restituée à son auteur, Arnaud Hamelin. Selon sa propre expression, Méry espérait que Hamelin « ferait alors son travail de journaliste ».

En juillet 1998, à l'occasion du Mondial, un collaborateur passionné de foot installe une télévision dans la salle de conférence. Un beau jour, Alain Belot apporte un magnétoscope spécial qui permet de visionner la cassette Méry, laquelle est d'un format particulier. Il y a plus de deux ans qu'elle a été enregistrée et je n'ai jamais demandé à la voir. Nous la regardons ensemble. Agacé par l'attitude d'un homme dont la préoccupation, évidente jusqu'à l'indécence, est de compromettre Jacques Chirac en personne, je ne regarde pas jusqu'à la fin ce déplaisant lancer de crachats dans la soupe. Jean-Claude Méry fait impudemment sa propre apologie. Avec délectation, il affirme que les dirigeants du RPR l'ont sollicité. Ils estimaient que les entreprises traitant avec la mairie de Paris ne se montraient pas assez généreuses pour le parti. Selon lui, seules ses qualités de négociateur pouvaient les amener à composition. Il était le meilleur, le plus fort. Il cite les chiffres illustrant la progression des sommes qu'il est parvenu à soutirer aux entreprises. Et, surtout, il tire à vue sur Jacques Chirac, même s'il prend la précaution de préciser qu'en aucun cas le maire de Paris n'a recherché un enrichissement personnel. À l'en croire, il aurait remis 5 millions de francs à Michel Roussin en présence du maire de Paris.

Un peu plus tard, Alain Belot réalise deux copies de la cassette. Il m'en remet une et conserve l'autre. Mon exemplaire est destiné à Arnaud Hamelin dans l'hypothèse où Belot ne pourrait plus le faire pour une raison quelconque. Cela sauf instruction contraire écrite de Jean-Claude Méry ou d'un membre de sa famille. Dans ce dernier cas, je rendrais immédiatement à Belot la cassette dupliquée qu'il m'a remise.

Pendant plusieurs semaines, l'« affaire de la cassette » fait les délices de la presse. DSK reconnaît l'avoir reçue des mains d'Alain Belot. Il assure qu'elle présentait à ses yeux si peu d'intérêt qu'il n'a pas pris la peine de la visionner. Personne ne croit qu'il ait pu rester de marbre devant une si belle mariée. Quelques semaines plus tard, lors de sa garde à vue, Alain Belot le contredira et prétendra que l'homme politique a fait visionner la cassette par un collaborateur, et a conclu qu'aucune exploitation politique n'était immédiatement envisageable. Belot ajoutera qu'il pensait que DSK cherchait à en minimiser l'importance. Il dira encore que, dès la parution du *Monde*, DSK l'a convoqué pour lui interdire de parler de la remise de la cassette. Mais Belot parle beaucoup. Comme on dit à la Santé, « il ne sait pas se tenir ». Surtout s'il s'agit de se tirer du pétrin. En vain, les juges perquisitionnent au Conseil régional d'Île-de-France. L'original restera introuvable. On a, d'emblée, posé en principe que Belot n'avait pu en aucun cas avoir transmis la cassette sans contrepartie. Tel que je connais mon ancien associé, il a pourtant fort bien pu vouloir « frimer » auprès d'une haute personnalité dont il avait été le collaborateur de janvier 1989 à mai 1991.

Au cabinet, Alain Belot était chargé du dossier Méry. Au bout d'un certain temps, je me suis étonné de constater que les deux hommes avaient de très fréquents rendez-vous et tenaient d'interminables conciliabules. Un avocat fiscaliste n'est ni une assistante sociale ni un psychanalyste. Le dossier fiscal étant, par définition, technique, on ne voit guère le client, si ce n'est pour lui demander quelques précisions ou pièces complémentaires, ou encore mettre au point ses réponses. Cela ne saurait en aucun cas justifier de longues et fréquentes rencontres. Le travail de fond se fait hors la présence du client. J'étais encore plus surpris de m'apercevoir que Méry, prenant tant d'heures de travail à l'un d'entre nous, ne réglait jamais d'honoraires. Quand je m'en étonnais à l'occasion de nos réunions de préparation du travail de la semaine, Belot répondait invariablement : « Je fais un investissement », ce qui dans mon esprit signifiait qu'il espérait faire de Jean-Claude Méry son obligé et, non moins invariablement, il concluait : « Ce n'est pas le moment. » Ce ne fut jamais le moment.

Avec le recul, je m'interroge. Au cours de leurs innombrables entretiens, Belot avait eu tout loisir de prendre la pleine mesure des activités occultes de Jean-Claude Méry. Pensait-il tirer parti un jour ou l'autre, et de quelle manière, de ce qu'il appelait son « investissement » ? Il devait assurer, par la suite, qu'il était le seul à posséder la confiance de son client, n'hésitant pas au passage à accuser les autres avocats de ce dernier de l'avoir « trahi », d'avoir été « commis d'office par le parti pour le contrôler ». Comptait-il vendre ses bonnes relations avec le percepteur occulte du RPR à Dominique Strauss-Kahn, dont il se targuait d'être proche ? Qui peut le dire ? Interrogé sur ses motivations, il déclarera aux juges qu'il pensait que DSK en ferait un bon usage, qu'il voulait lui « faire une fleur », faire « un geste politique ».

22

Le 7 octobre 2000, je suis réveillé par la sonnerie de la porte d'entrée. Par l'œilleton, je vois un groupe sur le palier. J'ouvre la porte. Question d'habitude.

— Henri Pons, juge d'instruction. Je suis chargé d'exécuter une commission rogatoire délivrée par M. Brisset-Foucault.

Séance tenante, un policier me signifie que je suis placé en garde à vue. C'est la troisième fois !

Le juge se met immédiatement à l'ouvrage, explore les tiroirs, parcourt les papiers qui traînent sur les tables, soulève les coussins, ouvre les placards. Je lui demande le document qu'il cherche. Si je l'ai en ma possession, je le lui donnerai et nous gagnerons du temps. En fait, j'ai l'impression qu'il ne cherche rien de précis, qu'il n'espère pas la moindre trouvaille. Alors, pourquoi cette nouvelle irruption chez moi ? Ont-ils seulement conscience, ces magistrats, du traumatisme que représente une perquisition, de la gravité d'une telle intrusion ? Savent-ils que c'est un acte extrêmement grave ? Hélas elle tend aujourd'hui à se banaliser. Pour certains, la perquisition est devenue une formalité. Un banal acte, comme un autre. Sans plus. Pénétrer de force chez quelqu'un sur une simple information, plus ou moins fumeuse, qu'ils n'ont pas cherché à confirmer, est, à leurs yeux, quelque chose de normal.

Sur une table à thé, le magistrat avise des photocopies. Il s'agit de pièces que j'avais demandées à un confrère pour les besoins de la défense dans le litige fiscal d'une femme écrivain de grande notoriété. Je l'explique au juge Pons. Ce sont des pièces versées par mon confrère devant le tribunal dans une autre procédure. Par conséquent, la justice en a connaissance. Il peut s'en assurer par les cachets apposés par mon confrère portant ses coordonnées et le numéro des pièces. Il n'en a cure. Toutes affaires cessantes, il saisit son portable et tente de joindre les magistrats instructeurs chargés de cette affaire. Après plusieurs essais infructueux, il lui est enfin confirmé que ma cliente n'est aucunement impliquée dans l'affaire et que les pièces en question sont parfaitement connues.

Une question me brûle la langue. Je ne la poserai pas, car j'ai bien assez d'ennuis. C'est : « Qu'y a-t-il de si extraordinaire à trouver au domicile d'un avocat les pièces d'un dossier ? » J'ai travaillé chez moi durant un week-end et j'en ai profité pour mettre un peu d'ordre dans le dossier et l'expurger des copies de pièces en double exemplaire. Mais, on ne sait jamais. Je pouvais cacher quelque chose ! Je suis présumé coupable. Tout est suspect.

La fouille reprend. J'assiste à nouveau, impuissant et exaspéré, au viol de mon intimité, au cheminement du juge de pièce en pièce. Curieusement, les policiers ne font qu'aider passivement à ses recherches. Au début de la visite, on m'a indiqué qu'il allait être procédé aussi à une perquisition au domicile de mon ex-épouse. Elle n'est pas disponible, devant assister aux obsèques d'un parent. Pour pénétrer chez elle en son absence, il faut deux témoins. Je serai l'un d'eux et fais prévenir la sœur de Joëlle, qui habite à 10 km de Bourron-Marlotte ; celle-ci accepte de tenir ce rôle. À peine la perquisition terminée à mon domicile, nous prenons donc la direction de Fontainebleau. Qu'espèrent-ils trouver chez elle qu'ils n'ont pas découvert chez moi ? Et d'abord, que cherchent-ils ?

À Bourron-Marlotte, c'est le juge Brisset-Foucault en personne qui procède aux opérations. Annie, mon ex-belle-sœur, n'est pas encore arrivée. Le magistrat s'impatiente. Quelques minutes passent. Son temps est précieux. Il va requérir un voisin. Ainsi, tout l'entourage sera informé et pourra clabauder sur sa visite. Mais un juge a-t-il à se soucier de ce genre de détail ? Ma réputation doit être bien établie ! J'entends déjà les commentaires : « Encore une perquisition chez Mme Guilloux ! Décidément, ces gens-là ont dû en faire de belles ! » Finalement, Annie arrive à l'instant même où le voisin entre dans le jardin accompagné du juge. Trop tard, le mal est fait !

Visite rapide des lieux. La perquisition est expédiée en une heure. Quelques tiroirs ouverts, quelques papiers consultés en hâte. Quelques photos intéressent visiblement le juge ; le journal intime de Joëlle également. Mais quelle valeur un juge d'instruction doit-il accorder à ses états d'âme ? La maison fait 350 m². Peut-on sérieusement soutenir qu'il a été procédé à une fouille efficace en une heure à peine ? Il est évident qu'on perquisitionne pour d'autres raisons.

23

Dans mon affaire, des faits étranges ne se laissent pas expliquer autrement que par une vraie conjuration. Serais-je sujet à la paranoïa ? Je ne le pense pas. Que le lecteur en juge.

Dans la nuit du 12 au 13 juillet 2000, en l'absence de Joëlle, sa maison de Bourron-Marlotte reçoit une curieuse visite. Le chien de la voisine aboie vers 4 heures du matin. Or, cette dame âgée a une garde-malade qui veille. Elle tend l'oreille. On entend des bruits dans le jardin, dira-t-elle, « comme si on soulevait une margelle et déplaçait des potiches. Il m'a semblé qu'on traînait des meubles dans la maison ». Un autre voisin, ouvrant ses fenêtres à l'aube, a affirmé avoir vu quatre hommes, vêtus de treillis militaires, remonter dans une fourgonnette bleue dont la plaque portait la grenade de la gendarmerie. Joëlle porte plainte à la gendarmerie de Fontainebleau pour violation de domicile. Le parquet de Fontainebleau classera l'affaire sans suite. La motivation mérite son pesant d'or : les intrus n'avaient pu être identifiés. Il avait échappé au procureur que Joëlle avait déposé plainte, justement, pour qu'ils le soient. On marche sur la tête !

Une chose est certaine : nous sommes placés sous haute surveillance. Joëlle ayant dit à Cédric, l'ami de notre fille, qu'elle était persuadée d'être sur écoutes téléphoniques, celui-ci, dont le patronyme ne ressemble pas le moins du monde au nôtre, achète aussitôt un téléphone portable dans l'intention de le lui offrir. Il met la ligne à son propre nom. Une heure plus tard, alors qu'il n'a pas encore remis le cadeau projeté, « on » l'appelle sur ce portable : « Pourrais-je parler à Mme Guilloux, s'il vous plaît ? » Puis « on » raccroche. Comme pour bien nous faire sentir, à des fins d'intimidation et de conditionnement psychologique, que, quoi que nous fassions, on nous tient à l'œil. Qui est « on » ? Tout le monde ne peut pas savoir aussi vite qu'une ligne ouverte sous un nom est destinée à quelqu'un d'autre. Recherchant l'auteur de l'appel sur la mémoire du téléphone, Cédric a la surprise de tomber sur le numéro d'un garage en Bretagne. Il l'appelle immédiatement. Le garagiste est tout aussi surpris que lui.

Après ma sortie de prison, Joëlle et moi remarquons un incessant et inhabituel va-et-vient de motards qui stationnent leurs engins sur le trottoir en face de mon appartement. Ils pénètrent dans l'immeuble en vis-à-vis. On assiste à plusieurs relèves à 9 heures du matin. Des hommes planquent dans les chambres de service surplombant mon domicile, dont les fenêtres ont été occultées. Dès que Joëlle et moi mettons le nez dehors, nous sommes pris en filature par des hommes qui ne se donnent pas la peine de faire le travail convenablement, sans se cacher, volontairement, comme une manifestation de force. La même surveillance intensive est exercée sur nos proches. Pendant mon séjour à la Santé, Joëlle est en permanence accompagnée de sa sœur

Annie qui lui soutient le moral. Elle a remarqué l'apparition de jeunes en mobylette postés devant sa maison. Ils précèdent systématiquement l'arrivée des deux femmes dont ils sont par conséquent informés. Un après-midi, ils tenteront d'ouvrir le coffre de la voiture de ma belle-sœur et ne s'éloigneront qu'à l'arrivée de son mari. Le 14 juillet, Joëlle raccompagne Annie à son domicile. Elle laisse sa voiture ouverte, le temps de saluer son beau-frère. Les jeunes sont là, fidèles au poste. Quand elle retourne à son véhicule il a été fouillé ; un carton à chaussures posé sur le siège arrière est ouvert alors qu'il était fermé. Elles en sont certaines.

Je suis libéré le vendredi 20 juillet. Dès le lundi, mes collaborateurs avisent une camionnette bleue sous les fenêtres de mon bureau où elle restera stationnée pendant plus d'une semaine. Une autre camionnette « sous-marin », blanche cette fois, remplit le même office en bas de mon appartement. À Bourron-Marlotte, ce sont des voitures particulières qui stationnent à quelques mètres de la maison. Le 21 août, Joëlle se rend en Bretagne chez ses parents. Elle est suivie pendant tout le trajet par une Polo verte. Ann'Sophie et Annie l'accompagnent. Elles relèvent le numéro. Le juge N'Guyen recherche les propriétaires des véhicules dont Joëlle lui a communiqué les numéros. Chacun d'eux fait l'objet d'un dossier d'identification. La Polo s'avère être une voiture de location. La photo de la locataire ne correspond pas au souvenir qu'elles en ont conservé. En revanche, il leur semble reconnaître la conductrice sur une des photos qui leur sont présentées, mais ce n'est pas le bon véhicule. Le juge organise une confrontation avec les conducteurs retrouvés. La plupart n'ont pu être identifiés : les voitures circulaient sous de faux numéros d'immatriculation. Elles ont la quasi-certitude de reconnaître la jeune femme qui les avait suivies. Ses explications sont aussi confuses que contradictoires. Elle reconnaît s'être rendue en Bretagne ce jour-là. Frédéric N'Guyen observe une erreur du service de police chargé de l'enquête. Sa photo, qui aurait dû figurer dans le dossier de la Polo, a été inversée par erreur avec une autre. Pourtant, l'heure de mise à disposition du véhicule qui est portée sur le dossier, en début d'après-midi, rend la chose impossible. Ce ne peut être qu'une confusion de Joëlle et de notre fille. Les gendarmes avaient également connaissance de la fameuse Polo verte. Le procureur de Fontainebleau les charge d'enquêter. Ils se rendent au garage propriétaire. Le dossier de location a été malencontreusement égaré.

Écouté, filoché, qui puis-je préoccuper à ce point qui dispose du pouvoir d'ordonner des mesures aussi lourdes qu'illégales ?

Des amis qui habitent près de Melun rendent visite à Joëlle pendant mon incarcération. Le lendemain, ils découvrent que leur camionnette et leur abri de jardin ont été fouillés, des meubles déplacés, des tiroirs restés ouverts.

J'ai été l'avocat, sur le plan fiscal, d'un grand nombre des protagonistes qui apparaîtront progressivement dans l'affaire dite de l'Angolagate. Aurait-on imaginé, au sein de quelque service secret ou de quelque officine barbouzarde, que je détenais des dossiers sur un trafic d'armes, notamment sur les bénéficiaires supposés d'éventuels mouvements de fonds générés par l'opération ? Si ce n'est pas cela, en quoi pourrais-je bien intéresser ces messieurs couleur muraille ? Est-ce lié à l'affaire Méry ? Peu probable : la cassette n'est apparue que postérieurement.

24

Durant ma troisième garde à vue, l'interrogatoire est conduit par deux policiers particulièrement sympathiques. Ils s'offrent aimablement à aller me chercher sandwich et cigarettes, dont je fais une consommation record. À vrai dire, ils ne me semblent pas très motivés. Un de leurs collègues déclarera à un journaliste, qui me rapportera son propos, que tous avaient eu l'impression de participer à une procédure de complaisance. Complaisance pour qui ? Au cours d'une pause, je vois apparaître la haute silhouette élégante d'Hamelin, menotté dans le dos comme s'il s'agissait d'un dangereux malfaiteur, conservant sa dignité en dépit de l'épuisement de deux jours de garde à vue. À le voir ainsi, je me demande si nous sommes encore en France dans un pays de liberté. Pourquoi est-il soumis à ce traitement ? On s'est bien gardé de l'infliger aux journalistes du *Monde* qui, les premiers, avaient mis la cassette sur la place publique en publiant son contenu. Crânement, ils s'en étonneront — « Pourquoi lui et pas nous ? » clamera Hervé Gattégno s'interrogeant sur le respect de la liberté de la presse en l'occurrence. Et pourquoi Hamelin et pas Strauss-Kahn ?

Les juges choisissent avec le plus grand soin leurs cibles. S'attaquer au *Monde* dans une affaire aussi fantaisiste aurait suscité un tollé dans l'ensemble de la presse. Arnaud Hamelin est un artisan, pas une institution. On peut le menotter sans paraître s'en prendre à la liberté de la presse. Enfin, il serait difficile de justifier la garde à vue d'un ancien ministre qui passe à juste titre pour l'un des hommes politiques les plus brillants de sa génération. Et moi ? Pourquoi me harceler ? Il est acquis — les juges le savent parfaitement depuis leur première perquisition à mon cabinet — que je ne suis pas intervenu depuis la fin de 1995 dans le dossier Lagerfeld et n'ai, à aucun moment, participé aux négociations qui ont permis de le finaliser.

Nouvelle nuit au commissariat du 13e arrondissement. Fort de mon expérience, j'avais pris soin de revêtir la tenue type du gardé à vue. Tee-shirt, pull à col roulé, pull en laine polaire, trois-quarts en cuir, pantalon sans ceinture et chaussures sans lacets. Cette fois, je « dors ». La première nuit, dans une cellule de dégrisement, puis, la seconde, grâce à la bienveillance du chef de poste, sur un banc de bois dans la cellule réservée aux femmes qui était vide ce soir-là, plus confortable que le cagibi en béton de la veille. Dans la nuit, le chef de poste vient me voir et m'offre quelques cigarettes et verres d'eau. Le mercredi matin, je suis conduit au pôle financier. Agglutinés en bas de l'immeuble, les journalistes attendent ma sortie. Je suis peu désireux de retrouver ma photo à la une des quotidiens du lendemain et au journal télévisé. Les policiers qui m'accompagnent me font m'allonger sur la banquette arrière, recouvert d'un blouson et nous parvenons à tromper la vigilance de la meute et à ne pas attirer l'attention.

Je retrouve le sous-sol du pôle financier où Alain Belot et Arnaud Hamelin connaissent le même sort. On me laisse mijoter à jeun, en cellule, une journée entière. Un gendarme me prend en pitié et me propose de me placer dans une autre cellule plus vaste où, du moins, j'aurai la place de faire quelques pas. Décidément, gendarmes et policiers sont plus humains que certains magistrats ! La brimade qu'est l'interminable attente ne tient pas à l'emploi du temps plus ou moins chargé de ces derniers. Ils l'infligent systématiquement pour briser toute résistance.

Enfin, vers 21 heures, je suis présenté au juge Brisset-Foucault. Il m'annonce que je suis mis en examen pour « violation du secret professionnel ». De mieux en mieux ! Admirablement informé (par qui, grand Dieu ?), *Le Monde* a connu la nouvelle avant moi et l'a publiée en début d'après-midi. Elle était également largement commentée au journal télévisé de 20 heures sur France 2. Cette mise en examen est particulièrement étonnante. Jean-Claude Méry avait, de son propre chef, suscité son interview. J'en ai remis l'enregistrement, dans les conditions convenues, à son auteur. Où peut résider la « violation du secret professionnel » qui m'est reprochée ? Quant à Arnaud Hamelin, il n'a fait que son travail de journaliste. Comment peut-on sérieusement l'accuser de « recel de violation du secret professionnel » ? Il n'a rien demandé à personne. Il n'a pas cherché à obtenir la moindre confidence couverte par on ne sait quel secret. Au contraire, c'est Jean-Claude Méry qui est venu solliciter son concours. En quoi les « confessions » de

Méry enfreignent-elles le secret professionnel, alors qu'il est à l'initiative de son interview ? L'ensemble de la presse d'investigation est concerné. Les informations de « sources judiciaires » n'aiment pas la concurrence.

Je rentre enfin chez moi, littéralement laminé par trois jours de détention, d'interrogatoires et d'attente. J'ouvre mon courrier. Une ordonnance du juge Courroye est arrivée la veille, m'interdisant d'exercer ma profession d'avocat. Une telle mesure n'avait pas semblé nécessaire à la chambre d'accusation lorsqu'elle m'avait libéré et placé sous contrôle judiciaire. L'idée n'avait pas davantage traversé l'esprit du juge jusqu'alors. Pourquoi maintenant ? Aucun fait nouveau n'a été mis au jour. Et pour cause ! Le juge n'a entrepris aucune enquête pour tenter d'établir la vérité sur le prétendu faux qui m'est reproché dans cette sombre histoire de blanchiment. Le juge s'abstient de toute initiative et l'auteur de la déclaration de prêt s'en étonne lui-même auprès de mes collaborateurs. Curieuse façon de mener une instruction ! Tout aussi curieuse cette coïncidence : ma mise à mort professionnelle par voie d'ordonnance du juge, au demeurant illégale, est réclamée quelques jours après l'apparition de la fameuse cassette. Je ne puis m'empêcher de m'interroger. Y aurait-il un *deus ex machina* ?

Une seconde lettre, à en-tête de l'Ordre, me convoque pour être entendu le vendredi à 14 heures. La manœuvre est évidente. La nouvelle loi sur la présomption d'innocence enlevant au juge d'instruction la possibilité de suspendre un avocat, l'Ordre dispose de quinze jours pour exercer le pouvoir qu'il est désormais seul à détenir. Quant à moi, dans l'état calamiteux où je me trouve, je ne dispose que du jeudi et du vendredi matin pour rassembler mes idées et préparer ma défense. C'est de toute évidence voulu. Je ne dois pas avoir le temps de me ressaisir, de réagir. Acharnement, destruction systématique. Non, je ne suis pas paranoïaque. Lucide simplement. Je me remémore l'observation du policier sur la « procédure de complaisance ».

Le vendredi après-midi, assisté de Philippe Lemaire, je suis interrogé, six heures durant, par deux membres du conseil de l'Ordre. Deux affaires sont évoquées : la violation du secret professionnel et l'affaire Benhamou. Deux heures sont consacrées à la fameuse cassette. Était-ce si urgent ? En tout cas, je n'en ai toujours pas entendu parler depuis. L'un des représentants de l'Ordre, sans doute insatisfait d'une carrière de procureur rentrée, veut jouer à l'accusateur de service. Philippe Lemaire a pratiqué l'institution bien avant lui, fils d'un ancien bâtonnier de Paris, lui-même ancien membre du conseil de l'Ordre pendant une quinzaine d'années. Choqué par son attitude déplacée, il lui rappelle sèchement que nous sommes entre confrères et l'invite à adopter un autre comportement en me laissant la possibilité de m'expliquer sans prévention de sa part, attaché qu'il doit être, par principe, en sa qualité d'avocat, au respect des droits de la défense et à celui de la neutralité du juge. Vertement rappelé à la réalité par Philippe Lemaire, il s'incline. La calme autorité, la rapidité d'esprit, la magie du verbe, du grand art d'avocat que j'aurais, malheureusement, l'occasion d'apprécier à différentes reprises. Mais qu'importe ces péripéties. L'Ordre ne pouvait-il différer mon audition sur ce point et ne retenir que la seule affaire Benhamou ? En sortant, Philippe Lemaire ne peut s'empêcher de me dire :

« Avec tout ce qui vous est arrivé cette semaine, j'admire votre force de caractère. » Peut-être, mais cette fois, je suis liquéfié. Pourtant, je dois me préparer à comparaître le mardi suivant devant la commission du conseil de l'Ordre chargée de statuer sur mon sort.

L'affaire se présente dans de curieuses conditions. L'ordonnance prise par le juge Courroye pour m'interdire d'exercer la profession d'avocat est illégale. La loi du 15 juin 2000 vient d'enlever aux juges d'instruction le pouvoir de suspendre les avocats, prérogative réservée par le législateur à la compétence exclusive du conseil de l'Ordre. Celui-ci, par un arrêté du 10 octobre, a renvoyé Philippe Courroye à une meilleure lecture de la loi en lui signifiant qu'il n'était plus compétent en la matière. Toutefois, au lieu de s'en tenir à cette constatation, le conseil croit devoir aller au-devant des désirs du magistrat. Dans sa décision, il l'invite expressément, dans l'hypothèse où il entendrait persister à vouloir m'exclure du barreau, à lui transmettre une note justifiant et explicitant sa demande. L'ordonnance ne comportait pas la moindre motivation. Comment imaginer une seconde que le juge ne saisira pas la perche tendue ?

Si Philippe Courroye ne supporte pas qu'on vienne entraver ses volontés — il l'avait montré lors de la saisie de pièces couvertes par le secret professionnel — il n'admet pas davantage qu'on conteste sa parfaite connaissance du droit. Dès le lendemain du prononcé de la décision de l'Ordre, le juge saisit le conseil de l'Ordre en accompagnant son courrier d'une ordonnance, qualifiée d'« ordonnance complémentaire », prononçant ma suspension. Il saisit également le parquet, ce qu'il avait omis de faire avant le prononcé de sa première ordonnance. La substitut du procureur, prend aussitôt ses réquisitions. Pourquoi ce cheminement tortueux ? Le magistrat était-il incapable de reconnaître avoir commis une erreur ? On lui demande une simple note ? Il décide que ce sera une ordonnance et rend une ordonnance. De quoi se mêle le conseil de l'Ordre ? Supposer que lui, Philippe Courroye, ignore la loi ? Quelle outrecuidance ! La première ordonnance était manifestement illégale. Que dire de la seconde qui est censée la compléter ? Frappée d'appel, la première ordonnance sera annulée par la cour qui confirmera que le juge n'avait pas le pouvoir de prononcer ma suspension. Bagatelles ! S'estimant officiellement saisi par la seconde lettre du juge, le conseil de l'Ordre ouvre une procédure disciplinaire.

Les réquisitions du parquet sont, bien entendu, conformes à la demande du juge. Pour la première fois, il est officiellement avancé que j'aurais blanchi l'argent d'Henri Benhamou au moyen de la fameuse déclaration de prêt. L'obligeante et perspicace substitut omet de mentionner que ladite déclaration a été établie par mon collaborateur. En revanche, elle ne craint pas d'affirmer qu'elle avait pour finalité de justifier « l'origine du paiement en espèces par Henri Benhamou ». À la lecture de ce chef-d'œuvre, je suis pris d'un fou rire qui ne s'explique pas seulement par mon délabrement nerveux. Cette dame soutient que j'ai établi une fausse déclaration de prêt afin de justifier l'origine d'espèces versées sous la table à l'occasion de la vente de mon appartement. Il fallait y penser ! La déclaration de prêt est destinée aux services fiscaux. En règle générale, lorsqu'il y a dessous-de-table, on se montre plus discret. L'affirmation est sinistrement ubuesque.

À lui seul, le calendrier révèle l'acharnement dont je suis victime. 10 octobre : le conseil de l'Ordre renvoie le juge à la lecture de la loi. 11 octobre : le juge introduit une nouvelle procédure pour m'interdire d'exercer. 16 octobre : je suis placé en garde à vue pour trois jours. Par ce juge qui, lors de sa première irruption dans mon cabinet, a reconnu « après vérifications » ne pouvoir « rien (me) reprocher pénalement ». 18 octobre : je suis convoqué pour être entendu le surlendemain par le rapporteur désigné pour instruire l'affaire. Lundi, mardi mercredi, garde à vue. Jeudi, repos, si j'ose dire. Vendredi, reprise. Quel athlète résisterait à ce traitement ? Si l'on veut briser un homme, il importe de frapper fort, à un rythme soutenu. Il est capital qu'il n'ait pas le temps de reprendre son souffle et de soigner ses plaies.

25

Je n'ai guère eu, au cours de ma carrière, l'occasion de fréquenter beaucoup le conseil de l'Ordre des avocats. Les membres du barreau de Paris satisfaits de son fonctionnement sont difficiles à trouver hors du cercle de ceux qui y siègent ou y ont siégé de façon flatteuse pour leur ego. Même ceux-là font rarement l'éloge d'un organisme corporatif, généralement jugé vieillot et inefficace. Guère estimé, il est craint car il dispose du pouvoir redoutable de nous priver de notre gagne-pain — provisoirement par la suspension ou définitivement par la radiation dans les cas les plus graves.

Au moment où je comparais devant mes pairs, j'espère pourtant trouver des oreilles attentives. Mes confrères écouteront mes explications. Ils chercheront à comprendre dans quelle situation j'ai été placé. Je vais donc enfin accéder à une analyse objective des faits et bénéficier du principe de la présomption d'innocence. C'est bien le moins qu'on puisse espérer de la part d'avocats ! Ils verront que le dossier pénal n'est pas sérieux, que la « fausse déclaration » n'est pas un faux, que l'on ne blanchit pas l'argent de quelqu'un qu'on n'a jamais vu. Dans ces conditions, ils vont m'aider à me tirer d'affaire. Mes pairs, je n'en doute pas, ne peuvent que me comprendre, me soutenir et, à travers mon cas, prendre conscience du danger qui menace la profession d'avocat.

La « formation disciplinaire n° 3 » du conseil de l'Ordre siège dans la grande salle de réunion, sous les regards austères des portraits de nos illustres prédécesseurs. Mes neuf confrères et juges, en robe comme moi-même et mon défenseur, sont déjà là, installés à quelques mètres de nous, comme dans un tribunal ordinaire. L'ancien bâtonnier Henri Ader préside. D'emblée, il prend à mon égard une attitude extrêmement agressive et suspicieuse qui me surprend. Je ne connais pas cet avocat à l'ancienne mode, mais il me paraît évident qu'il cherche la petite bête. Son principal souci n'est pas d'entendre les arguments de son confrère en difficulté.

L'accusation de blanchiment de l'argent de Benhamou est vite expédiée. Elle est par trop abracadabrantesque pour qu'on s'y attarde. Il en va de même du faux et de l'abus de confiance, lequel ne tient pas en droit, ce que rappellera d'ailleurs le conseil dans sa décision. En revanche, les conditions d'acquisition des parts de la SCI, propriétaire de l'appartement de l'avenue Raymond-Poincaré, font problème. C'est tout juste si l'on ne me fait pas grief d'être un fiscaliste par trop ingénieux. Ne cherchais-je pas, en toute légalité, à économiser des droits de donation s'élevant à 40 % du montant de la dette ? Certains des confrères qui siègent en face de moi sont visiblement dépassés par ce que je leur explique. Le montage de l'opération, quoique parfaitement légal, leur semble manifestement trop compliqué. Disons-le franchement, mes bénéfices sont très largement supérieurs au chiffre d'affaires de la plupart d'entre eux. Un type qui travaille dix heures par jour ne peut avoir acquis tout ça normalement ! En France, la réussite est suspecte. C'est bien connu, les Français — même avocats ? — n'aiment pas l'argent, surtout celui des autres. L'attitude du bâtonnier est de plus en plus suspicieuse. Quand la séance s'achève, je ne me sens pas très rassuré. Mes confrères renvoient leur décision au 31 octobre.

Je l'attends dans l'incertitude. Et voici qu'elle tombe. Je suis suspendu provisoirement, non pas sur la demande des juges, mais à propos de deux faits dont le conseil s'est autosaisi, comme il en avait le pouvoir. Mais ces deux faits n'ont jamais été évoqués, et par conséquent, je n'ai pas été appelé à m'expliquer à leur propos. C'est le comble ! Comment l'Ordre des avocats, dont la raison d'être est le respect des droits de la défense, peut-il sanctionner des faits qui n'ont pas été contradictoirement débattus et analysés, ce qui aurait permis de constater qu'ils étaient tout bonnement inexacts ? On me reproche des mouvements de fonds avec une société des îles Vierges britanniques, ainsi que d'avoir caché la véritable identité de la société créancière depuis 1995 de la SCI propriétaire de l'appartement. Mais si l'on avait soulevé la question, j'aurais pu dire que la première société n'a jamais eu de compte bancaire. Quant à la seconde, elle avait changé de dénomination sociale, et j'avais cité sa première appellation. Une semaine me suffirait pour apporter les preuves nécessaires. Un renvoi à huit jours et il n'y aurait pas eu de suspension. Choqués par cette précipitation, certains confrères me feront part de leurs interrogations. Les choses étaient-elles, là encore, jouées d'avance ?

Pour moi, c'est le coup de grâce. D'abord, la prison qui, aux yeux de la plupart, tue votre honneur, puis l'humiliant contrôle judiciaire, enfin, la suspension ; c'est-à-dire la disparition, la fin de ma vie professionnelle. Vingt-trois ans de travail anéantis ! Au bout du chemin, la ruine. Car la sanction implique la disparition inéluctable de mon cabinet à brève échéance. Peine de mort professionnelle pour faits inexacts ! J'ai eu la malchance d'essuyer les plâtres de la nouvelle loi, au demeurant d'heureuse inspiration. Dans son souci de démontrer qu'elle est applicable, et qu'il est lui-même parfaitement indépendant, le conseil, ne pouvant retenir les motivations du juge, les a écartées, mais s'est autosaisi de points dont il n'avait jamais été question. Je suis le premier à avoir été jugé par mes pairs de cette façon. Tant de légèreté fait froid dans le dos. J'attendais non un soutien ou une marque de confiance, mais du moins le respect de la présomption d'innocence. Cela n'a pas été leur préoccupation. Qui s'en souciera si même les avocats l'abandonnent ? Le cancer dont souffre la justice est plus avancé que je ne l'avais cru.

Le corps des avocats porte une lourde responsabilité dans la dérive actuelle de certains juges. L'Ordre, en n'osant pas s'y opposer, s'est montré en fait solidaire de leurs comportements. Du coup, les avocats sont parfois traités avec une inadmissible désinvolture. On l'a encore vu dans le cas d'Éric Turcon, défenseur d'Alfred Sirven, qui a été placé sur écoutes et soumis à enquête sur ses déplacements à l'étranger. Un confrère suisse a été l'objet de la même sollicitude. À Genève, devant ce traitement infligé à un homme à la réputation irréprochable, le bâtonnier réagit violemment. Conscient cette fois que la mise en cause des avocats risquait de se banaliser, le bâtonnier de Paris lui emboîta le pas. En me laissant traiter par des juges comme je l'ai été, mes confrères n'ont pas compris que j'étais le premier d'une liste qui sera sans doute longue.

On ne prend plus aucun ménagement avec les avocats et ils ne se défendent guère. Pourquoi cette inertie ? Avons-nous réagi lorsqu'un magistrat instructeur s'est autorisé à accuser la profession d'être l'instrument habituel du blanchiment ? N'importe quelle autre profession aurait vivement protesté. Nous, non ! Nous restons passifs, au nom des bonnes relations avec les magistrats qu'il faut préserver. Nous sommes tous, par essence, des individualistes rétifs aux actions collectives, seule réponse possible pourtant à l'agression de la machine administrative dévorante en action. Cela risque de nous coûter très cher ainsi que, plus tard, bien sûr, aux justiciables.

26

Au cours du mois de novembre 2000, l'employée de maison de Joëlle attire son attention sur des chutes de suie en provenance de la cheminée de son bureau. Intriguée, elle examine l'intérieur du conduit. Il est intégralement couvert de suie, à l'exception d'une surface parfaitement nettoyée en forme de carré, de la taille d'une petite boîte d'allumettes. Immédiatement, elle appelle la gendarmerie de Fontainebleau où elle est devenue un cas.

Avec leur célérité habituelle, deux gendarmes, un homme et une femme, accourent et examinent la découverte. Ils ont l'impression qu'on a dégagé une surface destinée à recevoir un appareil émetteur. S'il y a eu pose d'un micro dans la cheminée, peut-être y en a-t-il ailleurs. Dès 19 heures, une équipe technique complète de la gendarmerie arrive. Les spécialistes inspectent la maison et en fouillent tous les recoins avec minutie. Ils ne tardent pas à découvrir des traces révélatrices sous la table du salon, sous un canapé, dans un haut-parleur de la chaîne hi-fi. Il n'y a aucun doute, on a posé des micros. Qui ? Pourquoi ? Qu'espérait-on apprendre ?

Frédéric N'Guyen, juge d'instruction chargé de

l'affaire de mon cambriolage, nous convoque Joëlle et moi. Elle donne toutes les informations relatives à la violation de son domicile. Le lien entre les deux lui paraît évident. Joëlle ajoute que, pendant des semaines, elle a été suivie par des individus peu discrets. Elle a eu le réflexe de noter un certain nombre de numéros de plaques minéralogiques qu'elle a transmis à la gendarmerie. Elle explique encore qu'après la perquisition de Marc Brisset-Foucault, les policiers et sa sœur se sont assurés de la fermeture de toutes les portes et fenêtres de la maison. Lorsqu'elle regagne son domicile, la porte sur le jardin et la fenêtre de sa chambre sont ouvertes. Les visiteurs de juillet étaient venus récupérer leur précieux matériel. Le magistrat nous écoute deux heures durant avec attention. À l'issue de l'audition, je le sens persuadé qu'il n'a pas affaire aux divagations de deux mythomanes, mais d'être en présence d'une opération barbouzarde. Il se tourne vers moi avec la même question que la première fois : « À votre avis, que cherchaient-ils ? »

Je n'en sais rien. Je me borne à rappeler que, lors des perquisitions à mon cabinet, le vendredi 7 juillet, les magistrats, comme toute la presse l'a signalé, ont saisi les dossiers d'Arcadi Gaydamak et de Pierre Falcone que le juge veut à toute force impliquer dans un trafic d'armes à destination de l'Angola, bien que le matériel militaire en question n'ait jamais transité sur le sol français, élément indispensable à la constitution du délit. J'ajoute qu'avocat fiscaliste depuis plus de vingt ans, j'ai assisté la quasi-totalité des personnes physiques et morales apparaissant au cours des développements de l'enquête. A-t-on pensé que j'ai conseillé ou conçu des montages juridico-financiers, que mon rôle ne s'était pas limité à l'assistance pendant les vérifications des services fiscaux et aux procédures contentieuses ?

Si la dénonciation m'a attribué un rôle d'homme de main dans un trafic d'armes, tout devient logique. Les services fiscaux, alertés par leur « balance », transmettent à la police l'information ; celle-ci aboutit aux services spéciaux qui ont pour mission la surveillance de ce type de transactions. Je subodore que, dans une affaire de ce genre, ils se montrent peu légalistes. Ai-je affaire à nos James Bond ? À mon tour d'interroger le juge :

— Pensez-vous que des services de l'État soient capables de recourir à de telles méthodes ?

— En tout cas, une chose est certaine. Il ne s'agissait ni de la police ni de la gendarmerie.

— Je me trouve impliqué dans une affaire qui me dépasse. J'ai l'impression qu'il y a erreur sur la personne. Pour connaître toute la vérité, ne croyez-vous pas qu'il faut partir de l'origine de toute cette histoire et remonter la filière ? Tout vient de la dénonciation au fisc. Si vous en obteniez communication et appreniez comment elle a été exploitée et par qui, on y verrait peut-être beaucoup plus clair.

Pour être complet, je lui parle de l'affaire de la cassette. Jean-Claude Méry y mentionnait des « documents » venant justifier la véracité de ses affirmations.

— N'aurait-on pas pensé quelque part que je détenais les fameux documents annoncés dans la cassette ? On a fouillé jusque dans les dossiers familiaux qui se trouvaient à mon domicile.

Attentif, le juge écoute, mais il ne répond pas. Comme Serge Kierszenbaum quand il n'a pas la solution d'un problème, il pense sans doute : « Tout est possible, rien n'est possible ! Faut voir. » Mais il nous sent tous deux à bout de forces, détruits par cette histoire, au bord de la dépression nerveuse. Magistrat conscient de ses responsabilités, il est aussi un homme que ne laisse pas indifférent l'enfer que nous vivons. Cette pensée nous réconforte.

27

C'est l'époque où la presse frappe les trois coups de la nouvelle pièce du théâtre médiatico-judiciaire qu'elle va baptiser Angolagate. En cette fin d'année 2000, Philippe Courroye et Isabelle Prévost-Desprez déclenchent une opération de grande envergure. Perquisitions tous azimuts, notamment au siège de la société Brenco, dont les juges affirment que Pierre Falcone est le dirigeant de fait. Au domicile de sa secrétaire, on saisit des disquettes informatiques contenant le listing des versements effectués à de nombreux bénéficiaires par le biais de comptes étrangers.

Savamment organisée, une campagne tend à faire croire que tout a commencé par la découverte de documents à mon cabinet à l'occasion des perquisitions du mois de juillet. C'est faux. C'est en ma seule qualité de fiscaliste que j'ai assisté Arcadi Gaydamak et Pierre Falcone qui faisaient l'objet de vérification de leur situation fiscale. J'ignorais tout du commerce de matériels militaires reproché à mes clients. J'avais fait leur connaissance postérieurement aux faits et mon intervention avait consisté exclusivement à les assister face à l'administration des impôts. Dans mes dossiers, on n'avait pu trouver que des pièces déjà officiellement transmises à l'administration dans le cadre de la défense de leurs intérêts. Tout était ainsi parfaitement connu. Aucun document, de quelque nature que ce soit, n'avait été découvert qui fût de nature à révéler un fait nouveau.

Pierre Péan ira plus loin, parlant d'une chasse à l'homme jubilatoire : « La presse semble prendre plaisir à ces mises à mort sans jugement. Abrité derrière le principe de la liberté de la presse, on dénonce et, main dans la main avec quelques juges, on humilie des hommes à terre en piétinant leurs droits, en violant le secret de l'instruction et en faisant fi de la présomption d'innocence. »

Hélas, rien n'est parfait en ce monde. Un grain de sable s'est glissé dans le bel engrenage. Le juge ignorait apparemment que le législateur avait réservé, par un décret du 18 avril 1939, l'initiative des poursuites à des ministres nommément désignés. Le résultat est celui que décrit Laurent Joffrin dans *Le Nouvel Observateur* : « Un juge met un suspect en examen pour trafic d'armes. Mais il néglige de lire les textes qui régissent cette incrimination. Bonjour la rigueur ! Il perquisitionne chez un avocat et prend un dossier hors de sa saisine. Conseil à tous ceux qui prennent des défenseurs : si la pratique est validée, ne dites plus rien à votre avocat. Trop risqué. » Et le directeur de l'hebdomadaire de conclure : « Les juges doivent faire respecter la loi et d'abord par les puissants. Mais ils doivent aussi la respecter. Méfions-nous de tous les pouvoirs ! » On ne saurait mieux dire.

Le détournement de procédure crève les yeux. Il sera implicitement reconnu par l'avocat général lorsque l'affaire sera appelée, le 12 janvier 2001, devant la chambre de l'instruction. Le magistrat reconnaîtra que le dossier Falcone a été consulté hors la saisine du juge. Il sera suivi par Martine Betch qui ordonnera la restitution des pièces saisies tout en s'abstenant de statuer sur la consultation du dossier et ses incidences sur la régularité de la procédure.

Mais pourquoi se limiter au seul dossier Falcone et exclure les autres ? Parce que, si tous avaient été reconnus consultés hors saisine, le détournement de procédure aurait ainsi été publiquement proclamé ainsi que, par voie de conséquence, le comportement de ceux qui n'avaient pas hésité un instant à m'impliquer sans raisons dans une affaire où je n'avais rien à voir afin de pouvoir venir vérifier les éléments portés à leur connaissance par un second dénonciateur anonyme, ennemi affirmé de Gaydamak et Falcone. Je devais apprendre, en effet, quelques semaines plus tard, que le sycophante avait été entendu confidentiellement à deux reprises par les services de police.

La chronologie me laisse perplexe. Lundi après-midi, perquisitions à mon cabinet et mon domicile. Mardi matin, perquisition à mon cabinet. Mercredi, mise en examen et incarcération. Jeudi, perquisition au domicile de l'épouse d'Arcadi Gaydamak. Vendredi matin, perquisition à mon cabinet, Philippe Courroye consulte les dossiers de Gaydamak, Falcone et de l'occupante de mon ancien appartement. Or, à aucun moment le nom de Pierre Falcone n'a été évoqué jusque-là. Comment le juge connaissait-il son existence et les liens qui l'unissaient à Arcadi Gaydamak ? Ce simple fait suffit à démontrer les fins réelles poursuivies. Les juges voulaient accéder aux dossiers Gaydamak et Falcone, point final.

À qui profite ce remue-ménage ? La presse évoque le contexte politique dans lequel s'inscrit l'affaire. *Le Nouvel Observateur,* sous la plume d'Airy Routier, n'hésite pas à écrire : « Courroye allié objectif de Jacques Chirac ?... En disqualifiant les mitterrandistes et les souverainistes, les mises en examen de Jean-Christophe Mitterrand, de Jacques Attali, et celle, attendue, de Charles Pasqua, déblaient objectivement le terrain pour le président de la République à un an de la prochaine présidentielle. » Dans *Le Figaro,* Éric Zemmour, citant l'entourage de M. Pasqua, observe : « D'autres ajoutent que, dans l'affaire angolaise, le même magistrat s'en prend aux souverainistes et aux mitterrandistes (en la personne du fils de l'ancien président) et qu'il néglige le partage des pactoles africains entre RPR et Parti socialiste... »

Vrai, faux ? Je ne sais qu'une chose. Plus l'élection présidentielle approche et plus il apparaît que tous les coups sont permis. Ils pleuvent, même s'ils sont bas. Et j'ai été parmi les premiers à en recevoir.

28

Enfin, une convocation du juge Courroye ! Vais-je pouvoir m'expliquer ? Je dois me présenter à son cabinet le mercredi 7 février 2001 à 14 h 30. Sans autre précision. Je demande à Me Olivier Lagrave de m'assister aux côtés de Serge Kierszenbaum et Michel Konitz qui, l'un et l'autre, interviennent gracieusement, par pure amitié. J'ai scrupule à les solliciter alors que ce dossier exige un important travail et ils doivent assurer les fins de mois de leurs cabinets. J'ai eu pour règle d'or tout au long de ma carrière de ne pas travailler, sauf exceptions, sans être réglé et de ne pas multiplier le nombre des intervenants de peur de diluer les responsabilités. On connaît l'adage : « Deux avocats, pas d'avocat. » J'ai eu l'occasion de rencontrer Olivier Lagrave plusieurs fois au palais où il jouit de la réputation de connaître parfaitement ses dossiers. Il est apprécié et respecté de tous les magistrats. De nombreux confrères me l'ont recommandé pour superviser l'instruction et jouer le rôle indispensable de coordinateur.

Je vais le voir à son cabinet qui occupe l'ancien bureau d'une des gloires disparues du barreau,

René Floriot. Je lui raconte mon affaire. À son tour, il donne des signes d'incrédulité tant elle est effarante. Il me dit que, de toute évidence, il n'y a pas le moindre délit et que, par conséquent, la seule issue est le non-lieu ou la relaxe. Il va consulter le dossier au cabinet du juge et constate qu'aucun acte d'instruction n'a été diligenté relatif à l'affaire Benhamou, mais que le magistrat semble s'orienter vers mon implication dans les dossiers Gaydamak, Falcone et ZTS Osos, la société qui a fourni du matériel militaire à l'Angola. Pourquoi le juge veut-il m'impliquer dans l'affaire ? Parce qu'il lui faut justifier ses perquisitions et la consultation des dossiers. Ce procédé sera à nouveau utilisé plus tard.

J'ai donc connu Pierre Falcone, par sa sœur, en décembre 1996. J'ai fait la connaissance d'un homme jovial, de taille modeste, légèrement rondouillard, tonique et affable, toujours d'humeur chantante, passionnément attaché à sa famille en bon descendant d'Italiens qu'il est. Quelle était son activité exacte d'homme d'affaires ? Je ne disposais que de documents relatifs à sa situation fiscale : la seule question qui me préoccupait était de savoir s'il était ou non imposable en France. La société intermédiaire dans la livraison de matériel militaire à l'Angola disposait-elle en France d'un établissement stable ? En était-il le gérant « de fait », comme l'affirmaient les services fiscaux pour pouvoir l'imposer ? Certains journaux se sont faits l'écho de cette épineuse question. N'en déplaise au juge Courroye, je n'en sais pas davantage sur son compte, ni celui de la société. L'affaire des ventes d'armes à l'Angola est antérieure à notre rencontre.

Il ne m'a honoré ni d'éventuels secrets d'État ni de confidences personnelles. Je n'ai sollicité ni les uns ni les autres. Cela ne me regardait pas et, à dire vrai, m'était totalement indifférent, bien que j'aie toujours trouvé le personnage sympathique en diable.

Il en va de même pour Arcadi Gaydamak. J'ai fait sa connaissance en février 1995. Là encore, il s'agissait d'un problème précis : déjà, le fisc affirmait qu'il était résident français. Les « arrogants », comme il appelait les fonctionnaires des impôts, voulaient l'imposer, sans démontrer la moindre activité lucrative en France et alors qu'au contraire il était connu comme un important acteur économique en Russie. Il avait été, entre autres, président fondateur d'une banque. L'administration fiscale se satisfaisait, comme les textes l'y autorisent, au prix d'un renversement de la charge de la preuve, de l'imposer sur d'hypothétiques revenus d'origine indéterminée, dont le montant correspondait à celui de ses crédits bancaires. Mieux, elle fondait ses prétentions sur une réponse des autorités russes, qui n'aurait pas « corroboré » les allégations d'Arcadi Gaydamak relatives à sa résidence moscovite. Or, la police financière russe avait enquêté sur place à la demande de la France. Elle avait notamment pu constater, en le visitant, qu'il disposait à Moscou d'un appartement réellement occupé par l'intéressé et que la banque dont il était le président n'avait rien d'un mythe, mais était bien en activité. Arcadi Gaydamak était formel. Les conclusions de la police russe ne pouvaient être ce qu'affirmait l'administration française. À de nombreuses reprises, comme son précédent conseil, je demandai au fisc communication de la réponse de la police russe. En vain, ce qui illustre la conception toute particulière du débat contradictoire que se fait l'administration fiscale. Le problème posé est on ne peut plus simple. Est-il possible en France de condamner un citoyen sur le fondement d'une pièce que l'on refuse de verser au débat ? Du déjà-vu : rien n'aurait-il changé depuis l'enveloppe cachetée de l'affaire Dreyfus ? Il est grand temps d'inverser les relations entre les citoyens et l'État ! Le contentieux est en cours, on verra ce que le juge de l'impôt pense de pareilles méthodes.

Qu'on n'attende pas de moi, là encore, des révélations sur Arcadi Gaydamak. Je puis seulement dire qu'il est un homme courtois, taciturne, remarquablement intelligent. Aussi introverti que Pierre Falcone peut être extraverti. Homme d'affaires redoutable, négociateur hors pair, sans doute l'un des meilleurs connaisseurs de la Russie d'après la chute du communisme. Autodidacte incapable de gérer le quotidien, de se soumettre à des obligations administratives. Méfiant, accordant sa confiance avec parcimonie, mais alors sans réserve, ce qui lui fut parfois hautement préjudiciable. Je revois son sourire ironique lorsque j'arrivais à l'attraper lors d'un passage en France pour lui soumettre un mémoire ou une réponse aux services fiscaux. Il ne se donnait même pas la peine de lire : « Faites ce qu'il faut, cherchez dans tous vos trucs, c'est vous l'avocat, moi je ne suis qu'un petit immigré. » Arrivé en France à l'âge de vingt ans avec une cartouche de cigarettes pour seule fortune, dès le lendemain, il travaillait sur un chantier comme peintre en bâtiment. Quelques années plus tard, il se lançait et fondait une société spécialisée dans la traduction de documents commerciaux russes, ce qui lui permettait d'être particulièrement bien informé de la vie économique de son pays d'origine. Il a été l'un des premiers à comprendre les bouleversements de la Perestroïka et à prendre le pari de s'installer en Russie. Il y fera fortune. Certains organes de presse ont cru pouvoir laisser entendre qu'il était lié à la fameuse « mafia russe ». Il les a systématiquement poursuivis en justice et systématiquement fait condamner. Non, il n'offre aucune apparence d'un affreux mafieux ! J'ai d'ailleurs lu récemment dans *Le Monde* que la DST et la DGSE étaient en désaccord à propos de la nature de ses activités. Pourquoi et comment en saurais-je plus long que les deux grands services de renseignements de la République ?

Homme de parole, quoi qu'il lui en coûte, il s'interrogeait devant moi sur l'utilité de ce qu'il appelait la paperasse ; pour lui un accord donné devait être respecté, une question d'honneur. Personnage charismatique hors du commun. Pour le reste, les activités d'Arcadi Gaydamak, en dehors de leur aspect fiscal, me sont, comme celles de Falcone, totalement indifférentes, cela n'est pas de mon ressort et n'excite nullement ma curiosité.

Ce qui est positif, c'est que je vais enfin pouvoir m'expliquer sur l'affaire Benhamou et sur le supplétif obtenu si opportunément le 10 juillet, après le coup de semonce de l'ordonnance du président Jean-Claude Magendie me restituant les documents saisis chez moi et placés sous scellé fermé et rappelant, à cette occasion, le caractère sacro-saint du respect du secret professionnel. Le supplétif me vise personnellement en m'impliquant dans un délit de blanchiment de fraudes fiscales sans autre précision. Il se fonde sur la plainte du chef de fraude fiscale déposée contre Arcadi Gaydamak. En bon français, j'aurais œuvré pour recycler des fonds de Gaydamak ayant éludé l'impôt. Au point où j'en suis !

À l'époque, j'avais trouvé l'accusation plutôt cocasse. Philippe Courroye et Isabelle Prévost-Desprez, lors des différentes perquisitions à mon cabinet en juillet 2000, avaient consulté les dossiers fiscaux d'Arcadi Gaydamak et de Pierre Falcone. Pour justifier la légalité de leur initiative, il fallait m'impliquer dans la commission d'un délit, même après coup. C'est en tout cas mon intime conviction. Oui, mais lequel ? Ils avaient trouvé le truc passe-partout qu'est le blanchiment, si commode pour ouvrir devant un homme la porte de la prison. Cette fois, il était fiscal. D'un commun accord, mon défenseur et moi décidons que je m'en expliquerai immédiatement. Je n'ai rien à redouter de cette imputation farfelue.

La veille du jour fixé pour l'audition, coup de théâtre. Je suis informé qu'une nouvelle perquisition a été effectuée à mon cabinet, et que le couple inquisitorial a consulté et saisi différents documents pris dans les dossiers de Gaydamak, Falcone et ZTS Osos. Qu'est-ce que cela signifie ? Est-ce une simple pression psychologique, destinée à me mettre en condition pour le lendemain ? Je penche pour cette hypothèse plutôt que pour la simple coïncidence. Au passage, le juge s'inquiétera de savoir si je me suis rendu à mon cabinet pour y commettre des actes professionnels en infraction de ma suspension provisoire prononcée par l'Ordre. Il lui est répondu que ce n'est pas le cas. Cette visite parvient à me plonger dans l'angoisse et la perplexité. J'imagine le pire. Un nouveau mandat de dépôt va-t-il me renvoyer en prison ? Fort de l'expérience passée, je me rends à la convocation en tenue de gibier de potence, sans ceinture, en mocassins, avec en poche la somme de 1 000 francs destinée à une éventuelle « cantine ». Je n'en aurai pas l'emploi.

Avant que je sois entendu, Olivier Lagrave et Serge Kierszenbaum rencontrent les deux magistrats pour les informer qu'eu égard aux pièces saisies la veille et dont ils n'ont pas eu connaissance, ils sollicitent un délai pour répondre sur les faits de ma mise en examen pour blanchiment de fraudes fiscales. Les juges les reçoivent aimablement et accèdent sans difficulté à leur requête. Quelques minutes plus tard, je pénètre dans le cabinet du juge Courroye. Je me trouve en face d'un autre homme que celui dont j'ai hélas l'habitude. Un Philippe Courroye courtois et souriant serait sans doute beaucoup dire, mais il est presque détendu. Les questions s'enchaînent.

À la fin de mon audition, j'ai l'impression d'être cru, d'avoir enfin réussi à persuader les juges que je ne connaissais pas Henri Benhamou avant la vente de mon appartement de la rue Margueritte. Ils semblent admettre que la déclaration de prêt n'était pas établie par mes soins, mais par mon collaborateur, lequel n'avait aucune raison de faire un faux, et que ladite déclaration correspondait aux mouvements financiers dont ils avaient la preuve. Au cours de l'audition, on n'a pas même évoqué le prétendu délit d'abus de confiance. Le juge sait qu'il ne peut m'être reproché. Il lève le masque lorsqu'à la fin de l'audition, satisfait du tour qu'elle a pris, il me dit : « Fiscalement, vous êtes ficelé au fil de fer barbelé. »

Je veux répondre que la procédure ne tiendrait jamais la distance devant des magistrats dignes de ce nom. Mais je me tais. À quoi bon polémiquer ?

Au cours de mon interrogatoire, M. Courroye veut absolument me faire reconnaître qu'Arcadi Gaydamak est le véritable bénéficiaire économique de sociétés étrangères et s'en sert comme autant de paravents. Insatisfait de mes réponses, Philippe Courroye me demande si j'ai été menacé. Sa remarque m'étonne s'agissant d'Arcadi Gaydamak. Puis je me rappelle l'audition d'Alain Belot qui, imaginatif, avait déclaré qu'il était accompagné de gardes du corps tchétchènes lorsqu'il venait me voir à mon cabinet. Le juge l'avait peut-être cru.

À l'issue de l'audition, c'est Isabelle Prévost-Desprez qui est chargée de me maintenir la tête sous l'eau. Elle m'annonce ma mise en examen pour « blanchiment de fraude fiscale » avec un sourire en coin. Elle, du moins, ne fait pas semblant de croire au sérieux de la chose. Olivier Lagrave se tourne vers l'impassible Philippe Courroye.

— Le délit de blanchiment suppose pour le blanchisseur la connaissance de la commission du délit initial.

Le juge l'écoute sans ciller. Il en faudrait plus pour l'ébranler qu'un argument de la défense.

Je suis donc – à nouveau ! – mis en examen. La loi du 13 mai 1996 sur la présomption d'innocence contraint les juges d'instruction à motiver toute nouvelle mise en examen en énonçant très précisément les faits incriminés. M. Courroye, redevenu lui-même, se contente d'affirmer que j'ai blanchi. Point à la ligne.

Cette nouvelle accusation est absurde. Compte tenu des caractéristiques du délit invoqué par le fisc à l'encontre d'Arcadi Gaydamak, je ne peux en aucun cas être concerné par un quelconque blanchiment.

Par définition, il n'est pas possible de recycler de l'argent déjà dépensé ! Or tel était le cas puisque les revenus prétendument fraudés de Gaydamak avaient été déterminés selon une « balance de trésorerie », c'est-à-dire sur le fondement des sommes dépensées en 1994. Qui, sinon le père Ubu, pouvait soutenir que j'avais participé après 1995 au recyclage de sommes dépensées l'année précédente ?

De plus, le fisc laissait sans solution une difficulté de taille : démontrer la résidence française. On tombait là dans l'incohérence totale. Présumant Gaydamak milliardaire et résident français, le soumettant sans discontinuer à des contrôles fiscaux depuis une dizaine d'années, l'administration n'avait jamais été en mesure de prouver qu'il ait eu en France la moindre activité lucrative. Elle persistait néanmoins à vouloir l'imposer selon la règle qu'elle s'est donnée, bien commode en la matière. Au contribuable de démontrer qu'il ne doit pas être imposé ! D'où, en l'espèce, une situation kafkaïenne. Gaydamak avait été imposé en 1994. En 1995, l'administration n'avait rien à se mettre sous la dent. Aucun redressement donc. Pour 1996, le vérificateur avait réduit ses prétentions à l'imposition de la location d'un avion privé, pour environ 200 000 francs. C'était celui que Gaydamak avait affrété, à ses frais, pour aller chercher les pilotes français prisonniers en ex-Yougoslavie. Que c'est beau, grand et généreux, la France !

Alors, pourquoi ma nouvelle mise en examen ? Les magistrats ont donc perquisitionné sans raisons à mon cabinet. Le président du tribunal de Paris, Jean-Claude Magendie, vient de rappeler que le secret professionnel ne peut être méconnu, s'agissant d'un avocat, que dans l'hypothèse où celui-ci aurait personnellement participé à la commission d'un délit. La restitution des pièces saisies déstabilise les juges. Aucun document n'a été mis au jour susceptible de m'impliquer dans la commission d'un quelconque délit imputable à Arcadi Gaydamak. Et pour cause ! Il faut réagir vite. L'ensemble de la procédure est menacé. Les actes commis pourraient être annulés ainsi que ceux projetés qui en seraient le prolongement. La réaction ne se fait pas attendre. Dès le lundi 10, les juges obtiennent de la substitut un supplétif. Quant à un éventuel délit avec Pierre Falcone, dont le dossier avait été consulté dans des conditions rigoureusement identiques, mystère ; là les deux juges étaient à court d'imagination. Bref, on me qualifie de blanchisseur pour venir chez moi mettre la main sur les dossiers de mes clients. Comme l'avait joliment dit Michel Konitz lorsque la procédure avait été évoquée devant la cour d'appel, les juges étaient venus « faire leur shopping » chez l'avocat. Et puisqu'il fallait que celui-ci fût coupable, on avait trouvé un délit bien opportun sur lequel je ne serai jamais interrogé. Qui veut noyer son chien...

Dressons un bilan de cette étrange instruction. Aucune investigation n'a été menée dans ce cadre. Incarcéré le 3 juillet 2000 et libéré le 20 juillet, je ne serai entendu que le 7 février 2001, sept mois plus tard. Et cela pour une seule raison : le 17 janvier, j'ai déposé à l'Ordre des avocats ma demande de réintégration. Du coup, je suis convoqué, et le magistrat modifie à cet effet son emploi du temps car mon audition n'était pas programmée. Mais il veut éviter le scandale que serait ma comparution devant le conseil de l'Ordre sans qu'ait été fait un seul acte de procédure. En dix mois, aucune des personnes susceptibles de faire éclater la vérité n'a été entendue. Conclusion : le magistrat censé instruire « à charge et à décharge » a ignoré les éléments à décharge.

Dans toute autre profession, cette façon de se comporter pourrait s'appeler une faute lourde et justifier des sanctions, voire un licenciement. Tôt ou tard, une réforme en profondeur de l'institution judiciaire en France s'imposera. Actuellement, sur le papier, notre système, tel que l'expose Jean-Pierre Dintilhac, procureur de la République de Paris, dans les colonnes du *Figaro*, garantit à la perfection le respect des droits du citoyen grâce à cinq acteurs totalement indépendants les uns des autres. Le policier décide du placement en garde à vue, le procureur prend ses réquisitions, le juge d'instruction et le tout récent juge des libertés font leur travail que contrôle la chambre de l'instruction. Quel magnifique jardin à la française ! Hélas, cette image harmonieusement idyllique de notre justice n'a rien à voir avec son fonctionnement au quotidien, et j'en ai fait la malheureuse expérience.

Il faudra un jour séparer réellement les rôles des différents magistrats qui devront suivre des carrières distinctes, sans passerelles possibles entre elles. Plus jamais de juge d'instruction hier, substitut du procureur aujourd'hui et magistrat du siège demain.

Les principes qui animent chacune de ces fonctions sont différents. Qu'est-ce que la justice, sinon un trio : les poursuites, l'instruction et le jugement ? Ces trois fonctions devront être exercées par des hommes menant des carrières différentes. Celui qui est à l'origine des poursuites doit ne faire que cela. Le juge d'instruction doit mener des instructions et ne pas rêver d'être juge du siège. Ce dernier doit consacrer sa vie à juger. On ne peut pas guérir autrement le cancer de la connivence, de l'échange de services et de complaisances qu'illustre ce que je viens d'exposer. J'ai vu, avant dc les subir, les effets détestables de ce copinage durant le quart de siècle que j'ai passé dans le milieu. Par une entraide judiciaire au mauvais sens du terme, certains magistrats sont tout naturellement amenés à perdre un peu de leur indépendance et de leur sérénité.

Il est évident que, dans mon cas, le substitut qui a rendu le supplétif et permis les perquisitions à mon cabinet ne faisait aucune référence aux « faits nouveaux » qui en étaient théoriquement le fondement parce qu'il n'avait pas eu connaissance du dossier. N'obéissait-il pas au souci de rendre service à un collègue curieux ?

Alain Marsaud, magistrat en disponibilité, ancien député, résumera parfaitement la situation dans laquelle évoluent quelques membres du parquet : « L'action publique elle-même, c'est-à-dire le pouvoir qu'a théoriquement le procureur d'engager les poursuites, devient en quelque sorte un pouvoir partagé, puisque les juges d'instruction estiment ce qu'il est nécessaire ou non d'instruire — selon leur intuition du moment — et qui doit être poursuivi. » Il évoquera l'indépendance donnée au parquet qui n'a fait qu'aggraver la confusion. Il faut aller au-delà. Aussi longtemps que les juges migreront d'une fonction à l'autre, ils ne disposeront pas de l'indépendance dont doit faire preuve celui qui appartient au parquet à l'égard de celui qui mène l'instruction ou prononce le jugement. De même, si la chambre de l'instruction n'avait aucun lien avec les organes de poursuite et d'instruction, elle n'aurait jamais couvert ce que j'ai eu à subir.

La loi sur la présomption d'innocence est un grand pas dans la bonne direction. Elle exige que le juge commette des actes ou dise pourquoi il estime que cela n'est pas nécessaire, quitte à s'en expliquer devant la chambre de l'instruction. Bravo ! Mais que se passe-t-il si la chambre de l'instruction est de connivence avec le juge d'instruction ? Pour reprendre la chronique d'Alain Marsaud dans *Le Monde* du 20 juillet 2001, il s'est instauré en France une insécurité judiciaire « où affronter la justice devient une véritable loterie personnelle et institutionnelle ».

29

Vais-je enfin parvenir à faire reconnaître que les perquisitions à mon cabinet étaient nulles en droit ? En octobre 2000, j'ai saisi à cet effet la chambre de l'instruction. J'ai fait valoir que les dossiers de mes clients Gaydamak et Falcone ont été consultés à tort. En outre, ma garde à vue était irrégulière, faute de m'avoir signifié ce qui m'était reproché. Enfin, sa prolongation, qui aurait dû être motivée par le juge, ne l'avait pas été. Il l'avait demandée « pour les besoins de l'enquête », sans autre précision.

L'audience est fixée au 12 février 2001. Quelques jours plus tôt, l'avocat de la secrétaire de Pierre Falcone s'aperçoit que l'ordonnance par laquelle Philippe Courroye a prétendu communiquer au parquet les nouveaux éléments découverts par l'enquête est antidatée. En effet, datée du 3 juillet, elle mentionne des faits postérieurs : la désignation de mon avocat le 4 et mon incarcération le 5. Ce pourrait être considéré comme un faux. La presse en fait ses choux gras pendant une semaine. Le document antidaté est exhibé aux journaux télévisés. Un faux commis par un juge ? Cela n'arrive pas tous les jours. Nul ne pense qu'on puisse en rester là. Il semble ahurissant qu'un magistrat chargé d'appliquer le droit et s'étant « planté » dans sa procédure puisse commettre, pour se tirer d'embarras, un faux en écriture publique, c'est-à-dire un crime.

De ce qui va suivre, je tire une conclusion sans ambiguïté : rien ne sert d'avoir raison. En janvier 2001, le ministère public reconnaissait que, lors de la perquisition menée à mon cabinet, le juge n'avait aucun droit à s'intéresser au dossier Falcone dont il n'était pas saisi. Il concluait également à l'illégalité des poursuites pour trafic d'armes, faute de plainte préalable de l'un des ministres désignés par la loi. Mais suivre ces réquisitions porterait un coup à la réputation de Philippe Courroye et mettrait à mal sa procédure.

La chambre de l'instruction est présidée par Martine Betch, la même qui tenta de changer la date de ma comparution du 20 juillet. Volant au secours de son collègue, elle prend une décision qui restera un modèle du genre, du fait des formulations qu'elle contient et qui sont de nature à étonner tous les juristes de la place.

Quelques exemples ? Les policiers ne m'ont pas signifié les raisons de mon placement en garde à vue ? Quelle importance puisque cette annonce avait dû m'être faite pendant la perquisition dont je ne pouvais pas ignorer les motifs. La prolongation de ma garde à vue n'était pas motivée alors que je n'avais pas été présenté au juge ? C'est certain, mais n'avais-je pas été en contact, toute la matinée, avec les juges lors de la seconde perquisition à mon cabinet, le 4 juillet ? La consultation des dossiers Gaydamak et Falcone en dehors de la saisine du juge était une violation du secret professionnel ? Mais non, voyons, quelle idée ! J'habitais un appartement jadis occupé par Gaydamak. Le juge n'était saisi officiellement d'aucune affaire concernant ce dernier ? Point de détail ! L'occupation par Gaydamak fondait le juge à rechercher la composition de son patrimoine. À quel titre ? Mystère. Le cas Falcone pose un problème un peu plus délicat, mais la présidente a plus d'un tour dans son sac pour sauver la procédure. Le directeur des impôts de Paris Ouest avait déposé plainte pour fraude fiscale. Les redressements notifiés résultaient de l'imposition du fruit de la vente de matériel militaire par une société slovaque ayant, à en croire les impôts, un établissement stable en France. On affirme d'abord que Falcone et Gaydamak en sont les gérants de fait. Puis qu'ils sont tous deux domiciliés en France. C'est faux. Mais non, c'est vrai puisqu'ils sont gérants de fait.

Passez muscade ! On songe à la belle logique de Pierre Dac : « Ma sœur est grosse, les vaches sont grosses, donc ma sœur est une vache. » Tout est de la même veine. Pas de ministre à l'origine de la plainte comme l'exige la loi ? Qu'à cela ne tienne, le directeur des impôts de Paris Ouest fera l'affaire puisqu'il dépend hiérarchiquement du ministère des Finances, lequel a compétence pour déposer plainte en matière de commerce d'armement. Donc, les poursuites sont légalement engagées. Tout va pour le mieux dans le meilleur des mondes possibles. Cette fois on songe à Pangloss ! Et tant pis si fraude fiscale et trafic d'armes ne sont pas exactement synonymes. Tant pis si la compétence d'un fonctionnaire des impôts en matière de canons peut paraître discutable. Peu importe aussi que la plainte du fisc n'évoque à aucun moment l'illégalité des ventes d'armes dont il veut imposer le fruit. La boucle est bouclée et le serpent s'est mordu la queue. Devant la chambre criminelle de la Cour de cassation, l'avocate générale, Dominique Commaret, devait ébranler cet édifice hasardeux en requérant, le 13 juin 2001, l'annulation des poursuites engagées sur la base du délit de « commerce d'armes illicite. »

Au bout du compte, la chambre de l'instruction n'annule pas la perquisition, pas même la consultation des dossiers de mes clients. On se contente d'ordonner la restitution des pièces saisies, c'est-à-dire rien, sinon quelques articles de presse dénués du moindre intérêt. Quant au dossier, consulté lui aussi par les magistrats, de l'amie en difficulté à qui j'ai prêté mon ancien appartement et qui n'a rigoureusement rien à voir avec l'un quelconque des autres protagonistes, le plus simple est de l'oublier. L'arrêt ne le mentionne pas.

À l'évidence, tout cela a au moins un effet recherché. Ne pas placer le juge d'instruction en position d'avoir à répondre des délits de violation du secret professionnel et de faux en écritures publiques ! La cour ne va tout de même pas pousser un juridisme incongru jusqu'à censurer sa procédure. Et c'est, sans nul doute, par mauvais esprit que je relève que la présidente a longuement reçu, dans son bureau, Isabelle Prévost-Desprez et Philippe Courroye quelques jours avant l'audience. Il ne pouvait s'agir que de faire un point objectif de l'affaire. De même, c'est par hasard que figurent dans l'arrêt, en termes rigoureusement identiques, à la virgule près, les contre-vérités constamment affirmées par le juge. À savoir : j'aurais participé au blanchiment reproché à Henri Benhamou en justifiant l'origine de fonds délictueux en rédigeant, en tant que son avocat, un faux acte de prêt de son frère portant sur une somme de 1 500 000 francs. Ou encore que Benhamou, étant au chômage, ne disposait pas des fonds nécessaires au paiement du prix de vente de l'appartement.

Autant d'erreurs que j'ai cent fois dénoncées. Je n'étais pas l'avocat de l'intéressé pour la bonne et simple raison, difficilement contournable, que je ne l'avais jamais vu avant de le rencontrer, le jour de la signature, chez son notaire. Enfin, il n'existe aucun acte de prêt rédigé le jour de la vente et, faut-il le rappeler, je ne suis pas le rédacteur de la déclaration de prêt établie cinq mois plus tard par mon collaborateur. Henri Benhamou n'était pas au chômage au moment de la vente mais déclarait des revenus tout à fait confortables. Enfin, il est établi de façon incontestable par les relevés bancaires qu'il a payé avec l'argent provenant de la vente de l'appartement détenu par la SCI dans laquelle il était associé avec son frère Salomon. Bref, toutes les allégations d'une instruction exclusivement à charge sont reprises mot pour mot dans la décision de la chambre de l'instruction.

Les développements sur l'ordonnance de soit-communiqué du 4 juillet méritent qu'on s'y attarde. Un faux ? Mais voyons, le juge n'a agi que dans le seul souci d'une régularisation de la procédure. S'il a tenté de le faire au moyen d'un faux, ce dernier est « superfétatoire ». Certes, mais « s'agissant d'une pièce inexistante en tant que support du réquisitoire du 3 juillet 2000, il convient cependant d'en prononcer l'annulation en raison des mentions erronées qu'elle comporte ». En clair, la cour ne peut faire autrement que reconnaître qu'il s'agit d'une pièce irrégulière. Toutefois, comme la qualification de « faux » impliquerait qu'un crime a été commis par un magistrat, cette pièce devient une « pièce inexistante ». Jean-Claude Marin, procureur adjoint chargé de la division économique et financière à Paris, enfonce le clou : « Il ne s'agissait pas d'un faux mais d'un document ne portant pas la bonne date. » Entendez : d'une simple erreur matérielle involontaire. Dominique Strauss-Kahn a été poursuivi pour moins que cela. Pour une facture maladroitement antidatée, laquelle ne saurait être considérée comme un faux dès lors que la prestation a été remplie, ce qui a été établi. DSK n'était pas magistrat.

Le Canard enchaîné ironise sur le droit manipulé par des artistes pour ne pas faire de peine à Philippe Courroye. Pour ma part, je pense qu'il s'agit d'autre chose. On a voulu laisser au juge le temps de poursuivre son enquête, serait-ce au prix de son annulation ultérieure par la Cour de cassation. Les quelques mois de répit ainsi obtenus seront mis à profit pour tenter de confondre celui qu'on veut abattre dès l'origine, celui contre lequel on espérait trouver des preuves en venant fouiller dans mes dossiers. Qui ?

L'élection présidentielle approche. Par une coïncidence qui apparaîtra quelque temps plus tard, le pourvoi immédiatement formé contre l'arrêt de la chambre de l'instruction doit être évoqué le 30 mai par la Cour de cassation. Fort opportunément, Charles Pasqua est mis en examen les 28 et 29. S'il s'agit bien de cela, tout s'explique. Le cambriolage bidon, les filatures, les micros, les écoutes téléphoniques : un déploiement de moyens à la mesure de l'enjeu véritable. Quant à moi, on a pensé à tort que je détenais des informations compromettantes. Erreur sur la personne commise par les commanditaires de cette incroyable affaire où il s'agit à tout prix de procéder à mon lynchage judiciaire.

Hélas, les divers pouvoirs ont toujours trouvé des complaisances pour faire condamner qui il fallait, quand il le fallait, et il en sera ainsi tant que l'action de justice sera confiée à un seul corps de magistrats. C'est pourquoi une réforme profonde fondée sur le principe d'une séparation fonctionnelle des différents intervenants à la décision judiciaire est nécessaire.

De son côté, le fisc ne me lâche pas les basques. Un coup de téléphone de Christian Troussier, l'administrateur provisoire de mon cabinet désigné par l'Ordre, issu comme moi de l'administration, m'informe que mon compte bancaire a été bloqué par la trésorerie principale. J'avais présenté une réclamation. Je demandais l'imposition sur mes prélèvements effectifs sur les bénéfices réalisés en 1999 par la SCP, très inférieurs à ceux auxquels j'avais droit, mais que je n'avais pu percevoir, compte tenu des prélèvements excessifs de mon ancien associé. Ma réclamation était assortie d'une demande de sursis de paiement, de sorte que mon compte ne pouvait être légalement saisi.

Je prends immédiatement rendez-vous avec la trésorière à qui j'avais pris soin d'adresser la copie de ma réclamation. Elle m'indique que le centre des impôts conteste l'avoir reçue. C'est totalement invraisemblable, cette pièce ayant été non postée mais déposée. Le cachet du service apposé sur le double en ma possession le prouve. Je fais immédiatement adresser en télécopie la première page comportant ledit cachet du centre des impôts. Lorsque je quitte la trésorière, le problème est réglé. Une heure plus tard, elle m'appelle et me demande de prendre directement contact avec le chef de centre, lequel soutient n'avoir reçu que la première page de ma réclamation. Il persiste et ne craint pas d'ajouter que seule cette page a été authentifiée par ses services.

Abasourdi par une telle mauvaise foi, j'appelle le chef de centre qui répète cette ineptie. Je lui en demande la confirmation écrite et lui signale au passage que je mettrai sa responsabilité personnelle en cause. Curieusement, ma réclamation sera retrouvée dans les heures qui suivront la réception de ma lettre. Son destinataire change alors d'explication. Il se justifiait auprès de la trésorière en assurant que ma réclamation avait été transmise, par erreur, à un autre centre des impôts. Je suis plutôt tenté de croire qu'il avait oublié que je détenais un double dûment estampillé et qu'il s'agissait d'une manœuvre pour m'anéantir financièrement.

Qui peut un seul instant imaginer qu'un centre des impôts appose son cachet sur une copie, sans s'assurer de sa conformité avec l'original qui lui est remis ? Ma réclamation remontait à plusieurs mois. Comment expliquer l'absence de réaction si l'on n'en avait reçu que la première page ? La trésorière, qui n'a visiblement pas cru un traître mot des élucubrations de son collègue, a ordonné la mainlevée de la saisie. Toujours debout, je me posais une seule question : d'où viendra le nouveau coup de massue ?

30

Huit mois ! Cela fait huit mois qu'a commencé l'opération par laquelle Bercy, s'appuyant sur le témoignage d'une « balance » et passant le relais à la justice, a entrepris ma destruction programmée ! Depuis huit mois, chaque jour, je me lève en me demandant ce qu'« ils » ont encore imaginé pour me gâcher la journée. En ce 7 mars 2001, je sais du moins à quoi m'attendre. Je suis pour la deuxième fois convoqué par le juge Courroye. Je vais pouvoir m'expliquer sur mes diverses activités « criminelles ». Recycleur des fonds occultes de la mafia russe, fraudeur fiscal international, combinard défenseur de richissimes contribuables, j'imagine le tableau que le juge s'efforce de se faire de ma personne.

À peine ai-je pris place dans son cabinet qu'à mon ébahissement, Philippe Courroye me parle de... Jacques Attali. J'ignore que celui-ci est en garde à vue depuis le matin. La presse, en général informée en temps réel, n'en a soufflé mot. Il veut à toute force m'amener à reconnaître que l'ancien conseiller spécial du Président Mitterrand est intervenu dans le contentieux opposant la société suspectée de trafic d'armes aux services fiscaux et qu'il m'a présenté à cet effet au ministre des Affaires étrangères. Je le vois venir. Il entend maintenant m'assigner un rôle dans une affaire de trafic d'influence. Ce dont on m'accuse ne suffisait apparemment pas.

Que vient faire Jacques Attali dans cette galère ? Pierre Falcone l'avait approché, sollicitant ses conseils et son assistance à propos d'un projet de création en Angola d'une banque spécialisée dans le secteur du micro-crédit. C'est un outil de développement précieux, comme l'a montré, au Bangladesh, Muhammad Yunus, que l'on surnomme le « banquier des pauvres ». Toutefois, pour le juge, les honoraires de Jacques Attali ne peuvent qu'être la contrepartie d'une intervention auprès d'Hubert Védrine destinée à influer sur la position de la DGI.

Or, dans leur perquisition du 6 février 2001, mes juges ont saisi diverses correspondances que j'avais adressées à Hubert Védrine. Mes clients m'avaient remis une lettre du chef de l'État angolais, Edouardo Dos Santos, destinée à faire savoir aux autorités françaises qu'Arcadi Gaydamak et Pierre Falcone avaient été officiellement mandatés par Luanda pour mettre en place le préfinancement de l'achat de matériel militaire qui devait être payé au fur et à mesure des rentrées de la production pétrolière. L'Angola était en pleine guerre civile. Son gouvernement, en grave difficulté, avait un besoin impérieux d'acquérir des armes.

Il est peu fréquent qu'un modeste avocat se trouve en possession d'une lettre d'un chef d'État en exercice apportant des précisions déterminantes dans une affaire dont il a la charge. J'en informe aussitôt M. Bellavoine, chef des services fiscaux, grand patron du service vérificateur. Je sollicite un entretien. Je l'informe de la teneur de la correspondance que j'ai entre les mains, et lui exprime mon désir de lui remettre cette lettre en mains propres, afin qu'il alerte les autorités compétentes. Il m'apparaissait que l'affaire dépassait le domaine purement fiscal et qu'elle était susceptible d'interférer dans les relations entre la France et l'Angola, ce qui s'avérera ultérieurement. L'administration soutenait que la société qui avait fourni le matériel militaire à la République de l'Angola disposait d'un établissement stable à Paris. Elle n'apportait pourtant aucun élément sérieux à l'appui de ses affirmations. Le peu de documents trouvés lors de la visite inopinée de décembre 1996 était sans commune mesure avec l'importance des marchés prétendument conclus en France et évalués par la presse à 500 millions de dollars. Un tel chiffre d'affaires supposait de volumineuses archives. Les services fiscaux soutenant que la transaction s'était intégralement déroulée en France, elles auraient été immanquablement mises au jour à l'occasion de la visite domiciliaire par définition impromptue si la société qui avait vendu le matériel militaire et dont je défendais les intérêts auprès du fisc avait réellement disposé d'un siège en France. La DNVSF ne pouvait l'ignorer et imaginer qu'un État achète un demi-milliard de dollars de matériel militaire par téléphone ! Elle n'en persistait pas moins pour autant. L'unique lien concret entre la France et l'Angola était le compte bancaire ouvert à Paris sur lequel les fonds avaient transité. Or justement le chef de l'État angolais confirmait dans sa lettre que mes clients avaient été chargés par lui de trouver les relais bancaires, de superviser les opérations de règlement, et encore que le compte sur lequel les fonds avaient transité avait été ouvert à sa demande, lui appartenait et était couvert par le secret Défense.

Hélas, le patron de la DNVSF ne prit pas la peine de me répondre. Sans doute M. Bellavoine ne souhaitait-il pas entrer en possession d'un élément de preuve susceptible de contrarier la position de ses services. Faute d'être entendu par Bercy, je décide alors d'adresser directement la lettre du président Dos Santos au ministre des Affaires étrangères. Je l'accompagne d'une note exposant la position des services fiscaux et exprimant le souhait que les faits révélés par le président angolais soient vérifiés et, j'en étais convaincu, confirmés par la voie diplomatique. Je n'aurais pas manqué de les opposer aux services fiscaux.

Et Philippe Courroye de m'assurer qu'à l'occasion d'un dîner, Jacques Attali m'a « présenté au ministre ». Je ne me souviens pas avoir déjeuné ou dîné avec le ministre des Affaires étrangères, ni même l'avoir seulement rencontré. En revanche, je suis absolument certain de la nature exacte de ma démarche. Il ne s'agissait pas de demander un passe-droit. Son intervention, s'il l'estimait nécessaire, ne pouvait être que la conséquence des vérifications que je lui demandais de faire sur les conditions de la livraison d'armes à l'État angolais. Elles seront finalement précisées par le président Dos Santos dans un courrier qu'il adressera directement à Jacques Chirac : « À aucun moment les équipements en cause n'ont transité, ni juridiquement, ni matériellement, par le territoire de la République française ou à travers des entreprises ou des établissements français... Les accusations de trafic d'armes ne manquent pas de surprendre, s'agissant de transactions faites de façon légale entre un État souverain comme l'Angola et une entreprise étrangère à la France. »

Telles étaient les précisions que je voulais voir établies pour ensuite les opposer aux services fiscaux. Je le répète, il faut tout ignorer du fonctionnement des services de la DGI, et plus particulièrement de la DNVSF, pour imaginer qu'une vérification ayant donné lieu à une visite domiciliaire des agents du fisc et s'étant conclue par des rappels considérables puisse se résoudre miraculeusement par la seule volonté d'un ministre. À défaut de la reconnaissance par l'administration de l'inanité de sa position, la voie unique est, dans un tel cas, celle du contentieux. Le juge de l'impôt et lui seul tranchera dans quelques années. J'étais confiant en l'issue de l'affaire, les redressements notifiés me paraissant relever de la pure construction intellectuelle.

Mais que vaut une lettre officielle d'un chef d'État africain ? Non seulement elle sera négligée, mais la justice pensera indispensable de délivrer une commission rogatoire à Monaco afin de vérifier si le président angolais y détenait des comptes en banque. Gilles Gaetner s'en étonne dans *L'Express* en se demandant « si le juge n'est pas allé un peu vite en besogne ». Il avait oublié que « en tant que chef d'État en fonction, Dos Santos jouissait en effet d'une immunité, et à ce titre, ne peut être poursuivi ». La Cour de cassation avait sur ce point statué par un arrêt de principe, s'agissant du colonel Kadhafi, mettant un terme aux poursuites engagées contre lui dans l'affaire de l'attentat du DC 10.

Un faux pas ? Cela ferait beaucoup de la part de celui que le journaliste du célèbre hebdomadaire présente comme « réputé pour sa rigueur ». Un romancier de politique-fiction ne manquerait pas devant une telle avalanche d'approximations et d'irrégularités de s'interroger sur l'enjeu réel de cette procédure judiciaire. Il faudrait alors qu'ils soient d'une particulière importance pour prendre le risque d'une détérioration des relations entre les deux pays, surtout quand on connaît les réserves pétrolifères de l'Angola, qui ne laissent pas indifférentes de grandes puissances étrangères.

Reste que sur le seul fondement des honoraires versés à Jacques Attali par la société de Pierre Falcone, le juge Courroye, tambour battant, n'a pas hésité une seconde à perquisitionner au Quai d'Orsay. La logique la plus élémentaire commandait d'interroger d'abord les impôts, et de ne s'intéresser au Quai que dans l'hypothèse de la confirmation d'une intervention, afin d'établir les conditions dans lesquelles celle-ci avait eu lieu. D'autant que, quelques jours plus tôt, le juge Courroye avait interrogé l'ancien directeur et le responsable de la cellule fiscale du cabinet de Dominique Strauss-Kahn. Tous deux avaient confirmé l'absence de toute intervention et dit qu'il n'y avait pas eu la moindre recherche d'une transaction dans les dossiers en cause. Interrogés plus tard, les fonctionnaires de la DGI devaient, pour leur part, indiquer que personne n'était intervenu dans les affaires dont j'avais la charge.

En un mot comme en cent, le juge ne pouvait pas ignorer que la piste sur laquelle il s'engageait ne le conduisait vraisemblablement nulle part. Mais il était trop tentant de prendre d'assaut, sous les yeux d'un public admiratif, l'un des palais les plus prestigieux de la République. L'audace du procédé ne venait-elle pas, à elle seule, donner du crédit à la gravité des faits et à la culpabilité du prévenu ? Qui pourrait imaginer qu'un juge aille fouiller au sommet de l'État sans présomptions concordantes et gravissimes ? Ne peut-on imaginer que le juge ait programmé la perquisition du domicile d'Hubert Védrine avant d'y renoncer, déçu d'être rentré bredouille du ministère ?

Ma démarche auprès de M. Védrine n'eut aucun effet. La perquisition au Quai a permis, faute de mieux, de découvrir une annotation manuscrite du ministre sur ma correspondance : « S'il rappelle, éluder ! » N'obtenant aucune réponse, je finis par demander la restitution de la lettre du chef de l'État angolais.

La politique africaine de la France n'est pas de mon ressort. Je sais seulement que le président Dos Santos confirmera officiellement que Pierre Falcone travaillait sur une affaire sensible avec l'accord des autorités françaises et que la transaction présentait un grand intérêt pour l'Angola. Il voyait dans l'attitude de la France « un geste de confiance et d'amitié » et observait : « Pour cette raison, mon gouvernement a pris des décisions qui ont permis un accroissement spectaculaire de la coopération avec la France dans les domaines pétrolier, économique et financier. » Déçu, il a fini par lancer, dans un langage peu diplomatique : « L'amitié est comme une plante qui sèche, si elle n'est pas régulièrement arrosée et fertilisée. Je pense qu'en ce moment, c'est à votre gouvernement que revient l'initiative, à travers des gestes concrets, de faire davantage pour l'amitié et la coopération entre nos deux peuples. » Nous sommes au cœur d'une affaire d'État. Les juges poursuivent, dans des conditions juridiques douteuses, un hypothétique trafic d'armes. Le Président du pays acheteur soutient hautement que les autorités françaises étaient informées et consentantes. En quoi ai-je eu tort de transmettre au chef de la diplomatie française le texte dont il était l'auteur ? Les poursuites annulées par la Cour de cassation reprennent comme si rien ne s'était passé grâce à la plainte opportunément déposée, le 25 janvier 2001, par Alain Richard, ministre de la Défense. À nouveau une grande interrogation : les faits sont prescrits, ils remontent aux année 1993 et 1994, et un délit se prescrit par trois ans. Ils ne pouvaient donc être poursuivis après 1997, et encore, uniquement pour les plus récents. Ainsi, le ministre changeait d'avis. En effet, précédemment, à l'automne dernier, il s'était refusé à déposer plainte, ses propres services ayant expressément indiqué, à deux reprises, que le matériel militaire n'avait pas transité sur le territoire français et que le délit de trafic d'armes ne pouvait être retenu.

À l'issue d'une garde à vue de quarante-huit heures, Jacques Attali devait, de toute évidence, être mis en examen. Restait à trouver un motif. Pourquoi ne pas attacher deux pierres au cou du chien ? Par exemple, trafic d'influence et recel d'abus de biens sociaux ? Le juge le met donc en examen « pour avoir usé de son influence auprès d'Hubert Védrine, ministre des Affaires étrangères, afin d'obtenir de la direction générale des impôts une décision favorable concernant un redressement fiscal visant M. Falcone ». Comme l'observe son défenseur, Me Jean-Michel Darrois, il s'agit « d'une construction intellectuelle réalisée à partir d'éléments d'un puzzle rassemblés artificiellement ». Cela n'a rien pour me surprendre ! Dans l'espoir de crédibiliser sa procédure, le juge ordonne le versement d'une caution d'un million de francs, alors qu'aucune charge ne peut être retenue. La méthode est bien connue de tous les pénalistes : on sanctionne d'abord, on voit après. Philippe Courroye, lors de sa première perquisition chez M. Attali, avisant son ouvrage sur Pascal, avait observé, sans doute pour faire valoir à la fois son humour et sa culture : « Vous savez ce que j'aime moi, chez Pascal ? C'est : Tous coupables devant Dieu. » Espérons qu'au jour du jugement dernier, lui au moins instruira à charge et à décharge !

Dans la justice telle que certains magistrats la conçoivent, les principes ont été inversés. La présomption d'innocence a laissé place à celle de culpabilité. C'est au prévenu de démontrer son innocence. Cette nouvelle donne judiciaire autorise tous les excès. Dans le cas de Jacques Attali, le mal est fait. La France entière a pu voir l'ancien conseiller spécial de François Mitterrand sortir des locaux de la police judiciaire, entouré de policiers, visiblement apeuré et traumatisé. La brillante bête à concours n'était plus qu'une bête tout court, traquée par une meute de journalistes. Comment le téléspectateur pourrait-il croire à son innocence après un tel traitement ? Sa réputation est entachée par une médiatisation savamment orchestrée, son transfert au pôle financier opportunément divulgué à la presse. Pourquoi ? Je crois le savoir car j'ai été traité de la même façon. Par volonté délibérée de détruire un homme. Car enfin, sur quoi repose la mise en cause de Jacques Attali ? Sur la seule appréciation portée quant à la valeur marchande de ses conseils. Ils ont été jugés trop chers et donc ne pouvant que cacher quelque autre activité crapuleuse.

Pour ce qui me concerne, je sais ma mise en examen prochaine. Le trafic d'influence me semblait, avant de rencontrer le juge, indissociable d'un minimum de discrétion. Dans ce cas précis, il repose sur mes lettres adressées le plus officiellement du monde au ministère des Affaires étrangères ! Alors pourquoi ma mise en examen me paraît-elle certaine ? Toujours pour la même raison. Les juges ont consulté les dossiers de Jacques Attali à mon cabinet. Il faut le justifier, donc m'impliquer dans la commission d'un délit. Le métier d'avocat devient à haut risque.

Comme prévu, je serai mis une nouvelle fois en examen du chef de trafic d'influence. C'est l'occasion de m'achever. Les dossiers d'Arcadi Gaydamak, Pierre Falcone et de la société qui avait vendu le matériel militaire à l'Angola étaient suivis par deux collaborateurs et moi-même. Nous décidions ensemble de l'argumentation et de la stratégie. Ils savaient très précisément le but recherché lorsque je tentais de faire parvenir la lettre du président angolais au directeur de la DNVSF et, ultérieurement, au ministre. Je demande donc qu'ils soient entendus. Le juge saute sur l'occasion. Il étend le contrôle judiciaire et m'interdit de les rencontrer. Tout cela ne serait rien s'il les entendait effectivement. Olivier Lagrave formalise ma demande de mesures d'instruction complémentaires. Philippe Courroye ne nous fait pas attendre, tout au moins pour refuser. Quant aux auditions sollicitées, on verra plus tard, elles sont remises aux calendes grecques. Je suis coupé de tout lien avec mon cabinet. Si je m'en sors un jour, ce ne sera pas faute pour lui d'avoir tout tenté. Instruction à charge, quelle belle chose !

31

Pendant ce temps, un autre juge travaille. Convaincu qu'il s'est passé, dans mon cas, quelque chose qui va bien au-delà du cambriolage de mon appartement, Frédéric N'Guyen estime que la découverte de la dénonciation dont j'ai été l'objet auprès de l'administration fiscale est indispensable à la manifestation de la vérité. Il a donc décidé de faire une perquisition à la direction nationale des vérifications de situations fiscales. Ce matin-là de juin 2001, un an après le début de mon cauchemar judiciaire, nous avons rendez-vous à 10 h 30. Le juge d'instruction arrive, accompagné de sa greffière et de deux policiers de la BRB.

Mon avocat Michel Konitz et moi-même l'attendons devant la porte de la direction. Il a en effet exigé ma présence : « Vous connaissez l'administration des impôts, moi non, ils ne pourront pas vous mener en bateau. »

Le juge se présente à l'accueil.

— Frédéric N'Guyen, juge d'instruction, je viens saisir les dossiers de Me Guilloux.

— Avez-vous pris rendez-vous ?

Non sans humour, le juge rétorque qu'en pareille circonstance, ce n'est généralement pas l'usage.

Les directeurs sont en réunion. Après quelques minutes de flottement, le directeur appelé au téléphone ne se donne pas la peine de descendre, mais dépêche deux directeurs divisionnaires, Michel Roulet et Monique Charbon, responsables respectivement du contrôle fiscal et du contentieux.

— Je souhaite saisir les dossiers de Me Guilloux.

— De quels dossiers parlez-vous ? demande Michel Roulet. En ce qui concerne Me Guilloux, nous n'avons à la direction que des dossiers de contentieux et aucune vérification n'est en cours.

Le juge, qui ne connaît pas l'organisation interne des services fiscaux et encore moins celle de la DNVSF, se tourne vers moi. Je précise :

— J'ai été victime d'une dénonciation anonyme et c'est elle que monsieur souhaite saisir.

— Je n'ai pas connaissance d'une telle dénonciation. De quand date-t-elle ? De toute façon, les dossiers de Me Guilloux ne se trouvent pas ici. Ils sont au service du contentieux, au 61, dans l'immeuble d'en face.

Je glisse à Michel Konitz : « Il me prend pour un con ! Ils sont en train de se payer notre tête ! »

Du 34 rue Ampère, notre petit groupe se rend au 61. Là, nous sommes reçus au service du contentieux, dont la directrice confirme également qu'elle n'a jamais eu connaissance d'une dénonciation anonyme me concernant. Elle fait apporter les quelques dossiers à mon nom. Un contentieux sur la vérification dont j'ai été l'objet en 1996 et deux réclamations déposées dès le début de l'année 2000 (dont je n'ai jamais entendu parler depuis). Elle explique au magistrat le fonctionnement du service du contentieux qu'elle dirige. Tout cela est très instructif, mais, par définition, le contentieux règle les problèmes du passé. Or, la dénonciation n'a jamais été exploitée sur le plan fiscal. Elle ne peut donc figurer dans aucun dossier contentieux.

Pour faire bonne mesure, on fait venir l'inspectrice responsable de la programmation des vérifications à entreprendre. Elle non plus n'a jamais entendu parler d'une quelconque dénonciation. Tout cela ne fait pas très sérieux. Michel Roulet insiste ; il ne voit vraiment pas de quoi je parle. Et puis les choses ne sont pas ce qu'on croit. Ces histoires de dénonciations relèvent du mythe. Les services fiscaux en reçoivent très peu, beaucoup moins qu'on ne l'imagine habituellement. Dans la plupart des cas elles sont traitées par le mépris et finissent à la corbeille. Lorsqu'elles sont suffisamment circonstanciées pour être crédibles, elles sont transmises pour enquête au service spécialisé de la direction nationale d'enquête fiscale. Il me demande de préciser la date de la dénonciation dont il assure n'avoir jamais entendu parler. Son insistance à vouloir me faire préciser une date que j'ignore est étrange. A-t-il une idée en tête ? La dénonciation existe et elle est là. Manifestement, on nous oriente sur une fausse piste. Cela ne m'étonne pas d'une maison à laquelle j'ai appartenu jadis et où je ne suis pas en odeur de sainteté. Le juge est conscient que notre interlocuteur cherche à nous balader.

— Qu'en pensez-vous, maître ?

— La dénonciation ne peut être dans le service du contentieux puisqu'elle n'a pas été traitée, fiscalement tout au moins. Elle se trouve en face, au 34, d'où nous venons.

— Eh bien on va y retourner !

Devant la détermination du magistrat et l'imminence de la perquisition, nos interlocuteurs semblent dans leurs petits souliers, à bout d'échappatoires. Michel Roulet, soucieux d'éviter une perquisition en règle, s'offre à retourner seul là-bas, pour nous éviter un nouveau déplacement. Il va rechercher s'il n'y reste aucun dossier me concernant. Quelle prévenance !

Pendant son absence, Monique Charbon revient à la charge :

— Comment pouvez-vous être aussi sûr de vous ? D'où tenez-vous pareille information ?

Au bout d'une demi-heure, notre homme revient avec un dossier dans lequel, comme par hasard, se trouve la dénonciation recherchée. Lui qui disait, quelques minutes plus tôt, n'en avoir aucune connaissance, vient curieusement de la retrouver dans son propre coffre. Mieux, il nous indique qu'elle figure également au dossier géré par Monique Charbon qui, elle non plus, ne se souvient pas en avoir entendu parler.

Le juge dresse procès-verbal de son intervention. Préoccupé d'écarter tout reproche d'entrave à la justice, Michel Roulet tient à faire préciser qu'on lui a demandé une dénonciation datant de 2000 ou 1999, alors que celle qu'il a retrouvée miraculeusement est de 1998. Amusé, le juge ne fait aucun commentaire et prend note. Une question me vient immédiatement à l'esprit. Pourquoi une dénonciation vieille de plus de trois ans n'a-t-elle fait l'objet d'aucune suite ? Pourquoi les réclamations que j'ai présentées au même service dès le début 2000 n'ont-elles toujours pas été traitées ? Espéraient-ils obtenir des informations par d'autres moyens ?

La lettre anonyme est d'une rare bassesse. En voici le texte :

« La vérification de Guilloux est un fiasco qui frise la complaisance alors qu'il n'y a qu'à se baisser pour ramasser. Vous fait-il peur ? Avez-vous voulu ménager l'un de vos anciens collègues ? Ce qui serait cocasse, puisqu'il est sans doute la première victime des magouilles de Guilloux. Vous êtes passés à côté de tout.

» Exemple : le fait que le pré-vendeur ait été ramené de 1 MF à 700 000 F n'a pas attiré votre attention, curieusement.

» L'explication est simple : tout versement d'honoraires de M. Guilloux de 1 MF en espèces devait faire l'objet d'un partage entre trois tiers, entre les trois associés de l'époque. Belot et Le Sergent souhaitaient déclarer 330 000 F chacun. Guilloux a refusé et a proposé (ou plutôt imposé) de garder le million pour lui et d'imputer 300 000 F sur le pré-vendeur de Belot et Le Sergent.

» Vous avez actuellement deux pistes à exploiter. Il faut aller très vite et sortir des simples procédures fiscales, même renforcées. Nous sommes dans un système mafieux et seules des procédures judiciaires et policières sont appropriées.

» Guilloux est propriétaire réel de deux appartements de grand standing, d'environ 300 m² chacun et d'une valeur de 10 MF chacun à la suite de deux magouilles.

» 1) Avec Joffo, 15 rue Margueritte Paris 17ᵉ, propriétaire théorique d'une société panaméenne Calvipan. Cet appartement vient d'être vendu par Guilloux avec un dessous-de-table en espèces de 1,5 MF qui pourrait être encore appréhendé si l'on agit rapidement.

» 2) Avec Gaydamak, 83 avenue Raymond-Poincaré Paris 16ᵉ, qui est actuellement la résidence principale des époux Guilloux.

» Ce ne sont là que deux exemples s'inscrivant dans un système dont, répétons-le, la dimension mafieuse vous a jusqu'à présent échappé. »

Je suis si écœuré que je ne parviens pas à lire la lettre jusqu'au bout. L'allégation selon laquelle le « mafieux » que je suis aurait touché et soustrait au fisc une somme importante en espèces avait déjà été formulée en 1996, dans une première lettre anonyme. Elle avait été à l'origine de visites domiciliaires des agents du fisc et de la vérification, par la DNVSF, de la comptabilité de la société civile professionnelle ainsi que des situations fiscales, outre la mienne, de mon ex-épouse et de mon fils cadet. Le tout en vain.

En sortant de la DNVSF, je dis à Michel Konitz : « J'en connais un qui ne va plus dormir tranquille. » Je conçois son inquiétude d'être bientôt démasqué. En effet, je n'ai pas d'autre choix que mettre au jour le rôle du dénonciateur, pour ensuite identifier chaque intervenant et disposer des preuves, que j'espère avoir bientôt, de l'opération de destruction montée contre moi et obtenir justice.

Comment avais-je eu confirmation de la réalité de la dénonciation anonyme ? Au cours d'une conversation avec deux autres collaborateurs qui s'interrogeaient sur les véritables raisons des perquisitions du mois de juillet, Jacques Faure leur avait déclaré qu'il avait été informé de l'existence d'une dénonciation anonyme « particulièrement circonstanciée ». Il ne se souvenait pas précisément comment il en avait eu connaissance. Il n'avait pas jugé utile de m'en prévenir. Il avait quitté mon cabinet pour devenir le collaborateur d'Alain Belot. Il le connaît depuis une vingtaine d'années. Il avait été inspecteur dans sa brigade de vérifications. Il avait démissionné de l'administration, recruté par Belot, son ancien chef de brigade, et était venu grossir les rangs de la SCP.

La lettre anonyme n'a qu'un but : me détruire. Le dessous-de-table évoqué est, comme par hasard, d'un million et demi, c'est-à-dire le montant exact de la fameuse déclaration de prêt. Si mal disposé qu'il fût envers moi, le fisc ne pouvait rien faire de cette lettre. S'en est-il servi pour déchaîner à mes dépens le zèle du juge ? S'il l'a fait, il a réussi au-delà de ses espérances.

Hélas ! l'homme est ainsi fait que les destinataires des lettres anonymes les lisent avec gourmandise. Ils devraient se méfier de ces friandises souvent avariées.

Ainsi, le juge Marc Brisset-Foucault reçoit une lettre anonyme lui indiquant que la cassette Méry se trouve « dans le coffre d'un ancien ministre socialiste dans une banque genevoise ». Il délivre sur-le-champ une commission rogatoire internationale. Ledit ministre n'a jamais détenu de compte ou coffre dans la banque citée par le corbeau. Pas de chance ! De même, sur la foi d'une missive non signée, des policiers qui ne brillaient pas par leur culture littéraire se sont présentés au 37 rue de Richelieu, au domicile supposé d'un certain Jean-Baptiste Poquelin. Ils n'y ont trouvé que la statue du titulaire de ce patronyme, plus connu sous le nom de Molière. Dans un genre plus sérieux, l'enquête sur le financement de la campagne d'Edouard Balladur pour la présidentielle de 1995 a eu pour origine une lettre anonyme suivie d'un témoignage à charge. Les prestations de la société assurant la sécurité n'auraient pas été facturées et auraient été réglées en espèces, ce qui, si les faits étaient confirmés par l'enquête, poserait le double problème de l'origine des fonds et de la sincérité du compte de campagne.

Imaginons (hypothèse scandaleuse !) que, devant un dossier en panne, la justice elle-même fasse en sorte de s'adresser une lettre anonyme, un juge ne pourrait-il pas, sur cette base, engager de nouvelles investigations sur les pistes qu'il souhaite explorer, solliciter ultérieurement les réquisitoires supplétifs nécessaires à de nouvelles poursuites et, ainsi, détourner l'interdiction d'autosaisine ? Mais je déraisonne. Aucun magistrat ne se livrerait à ce petit jeu ! Revenons à la réalité. J'ai déposé plainte du chef de dénonciation calomnieuse. En effet, si les services fiscaux n'ont pas utilisé directement la dénonciation qui leur a été adressée entre le 13 et le 29 octobre 1998, c'est qu'ils entendaient l'exploiter par d'autres moyens, suivant en cela le conseil avisé de leur zélé correspondant : « Il faut sortir des procédures fiscales, même renforcées. » On notera au passage que le vocabulaire utilisé trahit l'expert.

Dans un premier temps, les deux directeurs divisionnaires ont éludé la question pour éviter d'avoir un jour à s'expliquer. Monique Charbon et Michel Roulet ont nié se souvenir de la lettre anonyme. Mais les nouvelles dispositions permettent aux parties de plus grandes possibilités d'intervention dans le cours des instructions, leur offrant ainsi la faculté de demander au juge d'instruction d'accomplir des actes qu'elles estiment utiles à la manifestation de la vérité.

Le rideau se lève sur un second acte de ce vaudeville courtelinesque. Sera-t-il démontré que les services fiscaux ont transmis la dénonciation à la justice et que le magistrat l'avait en main lors de sa première perquisition chez moi ? Elle devrait donc se trouver au dossier. D'autres rumeurs circulent.

Je connais les fonctionnaires pour avoir été l'un des leurs. Je sais que ceux de la DGI n'iront jamais jusqu'au faux témoignage. Ils ne prendront pas le risque personnel de se trouver pénalement impliqués pour couvrir une éventuelle dérive du service. D'autant qu'ils n'ont pas participé à ce détournement de la loi. Au demeurant, Michel Roulet a bien pris soin de préciser, à plusieurs reprises, qu'il était nommé de fraîche date et n'était pas à la DNVSF en 1998. Il succédait à un collègue qui avait suivi les dossiers Gaydamak et Falcone, ainsi que ma propre vérification. Il faudra que le dénonciateur s'explique sur ses éventuels contacts avec les impôts et le juge s'ils ont existé. Il faudra enfin que les policiers précisent à quelles instructions ils ont obéi en s'abstenant d'entendre Jacques Faure. Tous les participants à l'inqualifiable tentative d'assassinat judiciaire dont j'ai été la cible devront rendre des comptes, quelles que soient leurs situations ou fonctions.

32

Dès que j'en ai eu la possibilité, le 17 janvier 2001, j'ai demandé au conseil de l'Ordre de mettre un terme à ma suspension. Je comparais à nouveau devant lui le 27 mars et le 24 avril. Entre ces deux dates, il m'est indiqué que je dois, avant toute chose, sortir entièrement de l'opération liée à l'appartement de l'avenue Raymond-Poincaré. De toute façon, je m'apprêtais à le faire, ne pouvant plus en assumer la charge financière.

Le conseil, en sa formation de jugement n° 3, prend son arrêté le 4 mai 2001. Considérant que « l'appartement est vide de tous meubles, objets mobiliers et affaires personnelles » et que j'ai régularisé les conditions de sa cession en convenant notamment d'une importante indemnité d'occupation, il met un terme à ma suspension provisoire. Je suis réintégré sans qu'il soit dit (et pour cause) que mon engagement dans cette opération a été constitutif d'un délit quelconque.

Je ne suis pas au bout de mes peines. Le parquet général fait appel. En attendant le résultat de l'appel, je reste suspendu et mon cabinet ne fonctionne que grâce au dévouement exemplaire de mes collaborateurs. Ils ne se ménagent pas, soucieux de sauver l'essentiel et de me restituer un outil de travail le moins endommagé possible.

L'arrêt est rendu le 4 juillet 2001. La cour annule l'arrêté mettant fin à ma suspension provisoire. À la suivre, conformément à la volonté du législateur, le conseil de l'Ordre est seul compétent pour suspendre un avocat. Cependant, une fois prise, sa décision lui échappe. Il ne peut défaire ce qu'il a fait et prononcer la réintégration de l'avocat qu'il avait suspendu. En clair, le conseil de l'Ordre peut suspendre mais pas réintégrer ! Curieuse logique judiciaire. Suspendu, le sort de l'avocat dépendrait, selon la cour, du juge d'instruction, seul compétent à statuer sur les mesures de contrôle judiciaire, sous réserve d'appel devant la chambre de l'instruction. Les débats parlementaires ne laissent pourtant aucun doute sur la volonté du législateur de retirer aux juges d'instruction tout pouvoir de décision sur l'éventuelle suspension des avocats. Charles Jolibois, rapporteur devant le Sénat, déclarait à la séance du 30 mars 2000 :

« L'amendement vise à rétablir le texte adopté par l'Assemblée nationale puis par le Sénat en première lecture en ce qui concerne le contrôle judiciaire des avocats et tout particulièrement, bien sûr, l'interdiction d'exercer leur profession.

» Il s'agit de donner explicitement compétence au conseil de l'Ordre.

» Sur ce point, l'histoire est longue. Nous avions voté une telle disposition dans le passé mais la Cour de cassation avait pris, malgré notre vote, une position différente ; nous avions donc voté de nouveau cette disposition — c'était le fameux amendement de M. Gouzes.

» Par conséquent, nous revenons, comme nous l'avons fait en première lecture, à cette idée toute simple que le conseil de l'Ordre est juge de cette question qui est absolument gravissime et qui consiste à interdire à un avocat d'exercer sa profession. C'est encore plus grave quand il s'agit d'une affaire en cours et que c'est un juge qui demande cette interdiction dans une affaire dans laquelle il se trouve en état d'instruire. Par conséquent, c'est le conseil de l'Ordre qui jugera en première instance. En appel, c'est évidemment la cour d'appel qui jugera, puisque, vous le savez, en France cette cour est le juge d'appel de toutes les décisions des ordres professionnels. »

Et Robert Badinter, ancien ministre de la Justice, d'insister : « Il ne s'agit pas ici d'autre chose que du pouvoir traditionnellement reconnu depuis deux siècles à l'Ordre des avocats de statuer au premier chef en matière de suspension d'exercice de la profession d'avocat. »

La cour ne l'a pas entendu ainsi. Par une argumentation étonnante — c'est un euphémisme —, les juges ont, momentanément j'espère, reconquis le pouvoir que les représentants du peuple veulent leur enlever. Les juges refusent d'appliquer la loi et s'érigent en un pouvoir incontesté. Faute de réaction du politique, nous rentrons dans la République des juges.

Même si elle profite souvent des dérives d'une justice qui la fournit en informations croustillantes, la presse s'en émeut et commence à dénoncer le caractère scandaleux de certains procédés. La condamnation de Roland Dumas à six mois de prison ferme en est un exemple. Je ne suis pas le seul à m'en étonner. *Libération* : « La justice doit-elle condamner l'immoralisme ou ne doit-elle s'en tenir qu'aux faits établis ? » *Le Canard enchaîné* : « Le tribunal n'a pas rendu un jugement, il a prononcé un sermon... Dumas est condamné pour avoir eu une maîtresse et s'être fait entretenir avec légèreté, voire avec muflerie. Il est condamné, surtout, pour avoir manipulé beaucoup d'argent liquide sur ses comptes et donné une image détestable de ses hautes fonctions. Rien de tout cela ne figure dans le code pénal... Les juges ont assez de pouvoirs et déjà trop de travail, comme gardiens du droit. S'ils laissaient la morale aux moralistes ? » Quant à l'intéressé, il déclare au *Figaro* : « Un certain nombre de magistrats, mais pas tous, se complaisent à élargir hors de tout contrôle leur champ de compétences. Lorsqu'un journal a publié le réquisitoire du procureur de la République de Paris avant même que celui-ci soit versé au dossier d'instruction, un délit a été constitué et ce procureur l'a admis. Pour autant, il n'a pas été poursuivi. »

Roland Dumas s'était-il avisé de ces abus avant d'en faire les frais ? Ignorait-il qu'ainsi va la justice en France ? Heureusement, on n'y roue plus les condamnés. Mais pour clouer au pilori certains de nos magistrats, il nous manque un Voltaire.

33

Dernier week-end de mai en famille à Bourron-Marlotte. Le lundi matin à 8 heures, je suis dans le jardin lorsque je vois arriver Joëlle. Elle vient d'être réveillée par un appel téléphonique sur son portable. C'était Isabelle Prévost-Desprez. Sans en donner la raison, elle cherche à me joindre. Joëlle lui communique mon numéro de portable. Quelques minutes plus tard, la juge m'appelle.

— Monsieur Guilloux, où êtes-vous ?

— Je suis à la campagne

— Venez immédiatement à Paris, je vous attends en bas de votre immeuble.

— Pour quelle raison ?

Pour toute réponse, elle renouvelle son ordre comminatoire. Je prends immédiatement la route. J'ai à peine fait une dizaine de kilomètres que je reçois un second appel de la juge me demandant où je me trouve. Je lui précise que je viens de dépasser Fontainebleau. Une demi-heure plus tard, à l'entrée du périphérique, troisième appel pour me demander de préciser à nouveau ma position. Une heure et quart après avoir quitté Bourron-Marlotte, je suis à ma nouvelle adresse, au bas de l'immeuble, où m'attendent la juge, la substitut du procureur, un représentant du bâtonnier, deux greffières et un commissaire de police.

— Nous venons faire une perquisition

C'est la douzième. Je vais pouvoir demander à figurer dans le *Livre des records.*

L'appartement est dans un désordre indescriptible. Je n'ai pas encore eu le temps d'ouvrir les cartons de mon déménagement. De plus, je fais faire quelques travaux de remise en état de ma salle de bains. Et ça recommence ! Les tiroirs une nouvelle fois ouverts par des mains étrangères. Les lettres lues, les carnets feuilletés.

Le commissaire avise un carton avec l'inscription « dossier ». Il l'ouvre immédiatement devant moi. Évidemment, il ne renferme aucun secret. Il y a là la plupart des pièces de la procédure pénale qui m'ont été signifiées. Dans un vieil agenda, la juge relève trois numéros de téléphone. Elle constate la présence de la presse de la semaine passée, ce qui, selon son expression, démontre bien une « occupation effective ». C'était donc cela. Elle voulait s'assurer de la réalité de mon déménagement. N'était-il pas plus simple de me demander d'en justifier par la production de la facture acquittée du déménageur ? J'avais même pris la précaution de faire constater par huissier que je laissais l'appartement vide de tout mobilier.

Nouvelle mesure de mise en condition ? Opération uniquement vexatoire, destinée à affirmer l'autorité de mes juges, à me signifier nettement que l'on ne me lâchait pas, que j'étais encore entre leurs mains ? La perquisition dure une demi-heure. Pour faire bonne mesure, elle souhaite fouiller ma voiture. Je m'interroge sur cette étrange exigence. Ne voudrait-elle pas plutôt s'assurer de sa marque et de sa puissance ? On lui a peut-être affirmé que je roulais carrosse.

Alors que je roulais sur l'autoroute entre Fontainebleau et Neuilly et qu'Isabelle Prévost-Desprez s'assurait trois fois de l'avancée de mon parcours, se déroula une scène étrange rapportée par un ouvrier qui venait effectuer des travaux de remise en état dans mon appartement. À peine a-t-il fait le code pour entrer dans l'immeuble qu'un homme se présentant comme un policier le suit et lui demande d'ouvrir la seconde porte qui donne accès à l'escalier. L'ouvrier ne dispose pas de la clé, sort de l'immeuble et attend son collègue dans la rue. Il voit alors le « policier » appeler sur son portable un autre homme qui se trouve dans la rue à quelques mètres de lui et qui le rejoint immédiatement. Trois autres hommes suivront dont un en uniforme. L'un d'eux tient un trousseau de clés à la main. Quand le deuxième ouvrier arrivera au bout d'un quart d'heure, les cinq hommes étaient toujours dans l'immeuble. Qu'y faisaient-ils ? L'après-midi, je constatai que ma boîte aux lettres avait été forcée. Quelques jours plus tard, Joëlle appelle l'homme de service du cabinet pour se faire conduire au cadastre, rue Paganini. Elle n'avait pas sa voiture et voulait vérifier l'identité du propriétaire des chambres de service utilisées comme planque par nos anges gardiens. En arrivant, un homme qui attendait en bas de l'immeuble lui demande ce qu'elle cherche. Lorsqu'elle ressort, il s'y engouffre à son tour. Intriguée, elle revient sur ses pas. Elle le voit sortir et traverser la rue. Il se retourne, aperçoit Joëlle, accélère immédiatement le pas. À cet instant, mon employé arrive avec la voiture. Elle se penche à la portière pour lui demander de l'attendre. Quand elle relève la tête, l'homme a disparu. Elle traverse la rue à sa recherche. Elle le surprend. Il se cachait, accroupi derrière une voiture. Comment avait-il été informé des intentions de Joëlle de se rendre ce jour-là au cadastre où on refusa de lui donner l'information qu'elle désirait obtenir ? Peu de temps après cette dernière facétie, l'amie de mon fils Rodolphe, que j'héberge momentanément, rentre chez moi. Il est minuit. L'appartement est vide. Je suis à Bourron-Marlotte. Elle prend l'ascenseur. Elle croise un individu qui descend des étages supérieurs en empruntant l'escalier dans l'obscurité. J'habite au cinquième et dernier étage et le quatrième est inoccupé.

On s'intéresse décidément beaucoup à nos activités...

34

Depuis ma sortie de prison, je suis tenu de me présenter tous les quinze jours au commissariat de police du 16e arrondissement comme le font les repris de justice sous surveillance. Une autre mesure, tout aussi humiliante, m'interdit de quitter l'Île-de-France et me confisque carte d'identité et passeport.

J'ai demandé, le 20 avril 2001, la mainlevée de ces deux vexations. Cela ne me semblait pas une exigence exorbitante de la part d'un homme contre lequel n'existe toujours aucune charge et qui, de toute évidence, n'a pas l'intention de lever le pied. Je ne me faisais guère d'illusions sur la réponse de Philippe Courroye. Je lui avais demandé l'autorisation d'aller passer les fêtes de Noël afin de voir mon père à Saint-Malo. Il est âgé de 81 ans. N'obtenant pas de réponse, Serge Kierszenbaum fait le siège de son téléphone. Il finit par le joindre. Le juge lui raccroche au nez. Sa seule parole a été un « non » sans autre commentaire. Mon père est venu réveillonner à Bourron-Marlotte, fatigué par le voyage, perturbé par cette contrariété, il a été victime d'un malaise. J'ai dû le conduire aux urgences de l'hôpital de Fontainebleau.

L'arrêt est rendu le 8 juin 2001 après quinze jours de délibéré, il fallait au moins ce délai de réflexion pour prendre une décision aussi déterminante pour le bon déroulement de l'enquête. Contre toute attente, ma requête est rejetée.

Pourquoi cet étonnant refus ? « Considérant qu'il existe à l'encontre d'Allain Guilloux des indices sérieux rendant vraisemblable sa participation aux infractions qui lui sont reprochées et ci-dessus indiquées... » Examinons ces « indices sérieux ». C'est la réaffirmation, mot pour mot, des faits posés depuis le début de l'affaire par le juge Courroye : « Le prix de l'appartement avait été sous-évalué... Les ressources personnelles d'Henri Benhamou ne lui permettaient pas de s'acquitter de pareille somme à laquelle il fallait ajouter 800 000 francs de travaux. Confronté à ces incohérences, Henri Benhamou avait justifié une partie du financement de ces dépenses par un prêt de 1,5 MF que lui aurait consenti son frère, cette opération de prêt ayant été officialisée par un acte rédigé, le jour même de la vente, soit le 13 octobre 1998, par son avocat, Me Allain Guilloux. » Je l'ai dit, redit, prouvé, exposé plus haut, l'acheteur avait l'argent, il n'y a jamais eu d'acte de prêt le jour de la vente, je n'étais pas son avocat ! Et toutes les preuves du monde n'auront servi à rien. Je continue à pointer au commissariat comme un malfaiteur et à ne pas avoir le droit de dépasser Fontainebleau ! À quoi servent tous ces recours éludés sans examens, toutes ces demandes refusées d'avance ? Par moments, j'ai l'impression d'essayer de vider la mer avec une petite cuillère !

Le refus est « justifié au regard tant des nécessités de l'information qu'à titre de mesure de sûreté ».

C'est un comble ! Passons sur le mépris de la présomption d'innocence. J'en ai l'habitude hélas ! Mais on invoque les « investigations en cours ». Amère ironie ! Je n'ai cessé de demander que mon collaborateur Jacques Faure, auteur du texte, et l'expert-comptable Francis Chatelain, témoin des mouvements de fonds, soient entendus, cette audition suffisant à établir la vérité sur la fameuse déclaration de prêt. Je reçois de Philippe Courroye la réponse à cette requête. Elle est datée du 13 juin et, là encore, c'est non.

Déjà, lors de la perquisition du 7 juillet 2000, Philippe Courroye et moi avions croisé Jacques Faure dans les couloirs de mon cabinet. Imaginant bêtement qu'il allait rechercher la vérité, je lui avais présenté mon collaborateur comme l'auteur de la déclaration de prêt et lui avais demandé de l'interroger. Il avait marqué un temps d'arrêt. Sans répondre, ni bien sûr saluer Jacques Faure, il avait passé son chemin. Dans le même temps, dans un bureau voisin, il faisait entendre ma comptable par un policier pour lui demander comment étaient établies les facturations et si je me faisais payer en espèces ou en œuvres d'art.

Pourquoi refuser à nouveau ces auditions ? Le juge ne peut être plus clair : « Attendu qu'il apparaît opportun d'attendre le retour des commissions rogatoires internationales délivrées avant de procéder aux auditions sollicitées. » En d'autre termes, il faut d'abord accéder à mon compte bancaire. Mais, si le juge entend les témoins, la vérité éclate ; je suis disculpé, il n'y a plus d'affaire et la commission rogatoire ne se justifie plus. Donc il refuse d'instruire. Mieux, il présente une extraordinaire version de l'affaire pour justifier sa demande auprès de la justice suisse en faisant état d'un blanchiment d'argent en provenance d'un trafic de stupéfiants !

Mais pourquoi ce désir d'avoir connaissance de mon compte, si puissant qu'il le fait passer au-dessus de toute autre considération ? Parce que le fisc le demande. Ai-je tort de penser que certains magistrats du pôle financier sont instrumentalisés par l'administration des impôts ? Les règles codifiant le contrôle fiscal sont piétinées allégrement, exactement comme le suggérait la « balance ». La fin justifie les moyens.

Une seule chance me reste. Pour retracer le parcours et le traitement de la dénonciation, le juge N'Guyen poursuit son jeu de piste. Il entend, le 19 juin 2001, les fonctionnaires du fisc qui ont eu à la connaître, MM. Macé, actuel patron de la DNVSF, Bellavoine, son prédécesseur, et Santistèbe, directeur divisionnaire, prédécesseur de Michel Roulet, le désordonné qui ignorait le contenu de son coffre. Les deux premiers sont parfaitement à l'aise. Macé vient de prendre ses fonctions. Bellavoine a gardé le souvenir de la dénonciation qu'il avait demandé à Santistèbe de traiter en sa qualité de responsable du contrôle fiscal. J'avais, en 1997, été vérifié par une inspectrice, Mlle Panet. C'est donc vers elle que son chef s'est tourné lors de la nouvelle dénonciation. Il se trouve, nous dit-on, qu'elle a quitté son ancienne direction pour être mutée au pôle financier où sont détachés des fonctionnaires des impôts pour assister les juges.

À cet instant précis, mon regard croise celui de Frédéric N'Guyen. Se pose-t-il la même question que moi ? Qui a rencontré la substitut qui enquêtait sur les dossiers Gaydamak et Falcone ? Après la mise en examen d'Henri Benhamou, le juge d'instruction Leloir a transmis le dossier au pôle financier fin 1999, date à laquelle il a abouti entre les mains de Philippe Courroye. Quelqu'un lui aurait-il révélé l'existence de la dénonciation dirigée contre moi ? Est-ce ainsi qu'a monté la mayonnaise ? Est-ce pour cette raison que, lors de la perquisition aux impôts, l'administration a nié qu'il y eût dénonciation ? Voulait-on éviter qu'on découvrît d'éventuels contacts, parfaitement répréhensibles, avec l'autorité judiciaire ? Je n'arrive pas à y croire. L'audition de Santistèbe, visiblement gêné, me trouble pourtant. Il s'offusque d'avoir été convoqué et se lance dans des propos qui ressemblent fort à un appel à la solidarité entre fonctionnaires. Le juge lui rappelle avec calme que son devoir est d'instruire à charge et à décharge, qu'aucune piste ne doit être négligée. Il pense notamment, à cause des dénégations initiales de Michel Roulet, que le sort réservé à la dénonciation peut éclairer l'instruction.

Oui, on cache quelque chose. Mais quoi ?

Santistèbe était le supérieur hiérarchique de la brigade de vérification en charge des dossiers Gaydamak, Falcone et de la société slovaque qui avait vendu le matériel militaire à la République de l'Angola. Mon opposition déterminée aux redressements notifiés avait été agrémentée de quelques vifs échanges avec le chef de brigade. Les dossiers de l'administration étaient vides. Elle n'apportait aucun élément de preuve à l'appui de ses prétentions exorbitantes. Les droits rappelés à l'encontre de la société slovaque représentaient l'un des plus importants, sinon le plus gros redressement de l'histoire du contrôle fiscal. En regard de quoi, la DNVSF se montrait incapable de démontrer que la société avait exercé une activité en France, que les transactions y avaient été réalisées. Il en allait de même pour les dossiers Gaydamak et Falcone. Le vérificateur n'avait pas été en mesure de démontrer qu'ils résidaient en France. J'étais bien placé pour savoir que la famille de Pierre Falcone vivait à l'étranger. Lui-même ne séjournait à Paris que très épisodiquement. Quant à Arcadi Gaydamak, il était domicilié à Londres où il était fiscalisé le plus légalement du monde. J'avais demandé à être reçu par Santistèbe. Une fois de plus, je reprenais le raisonnement en boucle du vérificateur. Il affirmait en premier lieu que mes deux clients étaient résidents français. Il posait en second postulat qu'ils étaient tous deux gérants de fait de la société slovaque pour conclure qu'elle avait bien une activité en France du fait de leurs résidences. Tout cela pouvait tourner en rond pendant quelque temps. Le directeur divisionnaire n'avait su quoi rétorquer. L'affaire relevait de la plus pure construction intellectuelle. La DGI avait déposé plainte contre Arcadi Gaydamak. Une enquête préliminaire avait été diligentée, aux bons soins de Mme la substitut Beauguion qui demandait mon incarcération au mois de juillet. Les choses ne se passaient pas aussi simplement qu'espéré par le parquet et les services fiscaux. Arcadi Gaydamak justifiait de sa résidence londonienne et de son imposition anglaise. Santistèbe ne pouvait ignorer que son dossier était mal parti. J'avais la conviction de gagner devant le juge de l'impôt et le lui avais dit sans ambages. Il lui fallait trouver des preuves de ce qu'il avait avancé un peu hâtivement. En sortant du cabinet de Frédéric N'Guyen, je m'interroge sur le harcèlement douteux dont j'ai été gratifié.

Le danger encouru par notre société se précise

chaque année sous nos yeux. Sans que l'opinion s'en rende bien compte, nous vivons l'instauration insidieuse d'un régime autoritaire d'une nature particulière. L'administration s'empare lentement, insensiblement, du pouvoir qu'elle tend à exercer sans contrôle véritable, impunément, en dehors de toute responsabilité. Allons donc ! Des mots ! me direz-vous. Pour des raisons historiques tenant à la séculaire édification du pouvoir monarchique, les Français ne peuvent imaginer que des fonctionnaires puissent devenir un danger pour la démocratie et l'État. Ne sont-ils pas les héritiers des serviteurs du roi, lequel ne pouvait mal faire ?

Nos compatriotes vivent, même s'ils ne s'en rendent pas compte, dans le respect révérencieux d'un État sacralisé. Nos voisins européens en font souvent des gorges chaudes. La France est régulièrement condamnée par la Cour européenne des droits de l'homme. Qu'importe. Rien n'y fait. Quel intérêt auraient des fonctionnaires à mal agir, à mentir, à nuire à leurs administrés ? Ils ignorent la loi de la jungle du privé, n'ont pas à écarter ou à abattre des concurrents ou des rivaux. Par hypothèse, ils servent l'intérêt général et ne connaissent que lui. En fait, le fonctionnaire n'agit pas par intérêt personnel, mais celui-ci n'est pas le seul ressort des actions humaines. D'autres motivations interviennent, dont la volonté de puissance et, une autre, plus redoutable encore : la certitude de détenir la vérité, d'incarner la vertu en lutte contre le vice. L'administration française vit dans la conviction qu'elle est seule fondée à apprécier l'intérêt général, seule habilitée à guider l'évolution de la société. Du coup, même le désintéressement de ceux qui servent l'État — il est incontestable dans l'immense majorité des cas —

s'est dévoyé. Il sert désormais d'alibi à ceux qui, invoquant la vertu, transforment leur frustration et leur soif de revanche en appétit de pouvoir.

Dans une démocratie, tout ce qui substitue la volonté d'un groupe à la volonté générale a un nom. Je dis que l'administration se livre, en France, au vrai et au seul coup d'État permanent. Insidieux, sans bruits de bottes ni occupation de la radio ou proclamations martiales, est en train de s'installer, si nous n'y prenons garde, un régime singulier. La loi y compte de moins en moins, face à l'alliance des juges, des médias et d'une administration omnipotente. Déjà, les citoyens en éprouvent les effets en tant que justiciables et que contribuables. Il n'est pas certain que le pouvoir politique n'ait pas déjà perdu la partie face au pouvoir judiciaire qui se met en place. La lutte est engagée.

Face aux aberrations commises par des magistrats, parfois assez graves pour briser des vies, deux gardes des Sceaux successifs ont engagé des évolutions positives. Courageusement, avant toute mise en cause, Marylise Lebranchu a reconnu l'existence d'une faute lourde de la justice dans la scandaleuse affaire des disparues de l'Yonne. Dans un autre cas récent, l'asile politique a été accordé par les États-Unis à une victime de ce genre d'attitude. Il a été motivé en des termes particulièrement durs pour la justice française. Pour sa part, Élisabeth Guigou a eu le mérite de faire admettre un principe de bon sens : « Le corollaire de l'indépendance, c'est la responsabilité. » Les magistrats se sont immédiatement mobilisés et la réforme constitutionnelle envisagée avec la convocation du congrès en janvier 2000 n'a pu aboutir. Espérons que la reculade des représentants du peuple ne sera que provisoire. Mes juges auraient-ils pu se comporter comme ils l'ont fait si leur responsabilité personnelle avait été susceptible d'être engagée ? Certainement pas. La chambre de l'instruction pourrait-elle continuer à énoncer délibérément à mon propos des faits controuvés ? Certainement pas. Reconnaître la faute lourde de la justice sans s'en prendre à celui qui l'a commise n'a pas de sens. Il faut sanctionner la faute personnelle. Il y va des libertés de chacun. J'en ai fait l'amère expérience.

Je n'ai pas voulu faire le procès de la magistrature dans son ensemble. Je lui porte le plus grand respect. Sa tâche est la plus difficile de toutes. Je sais que certains magistrats et non des moindres sont profondément choqués par ce que je subis. L'un d'eux, au pôle financier, n'a pas hésité à prendre à part l'un de mes conseils pour lui dire — ce sont ses mots : « Ce qu'on fait à Guilloux est dégueulasse. » Un autre estime que j'ai été victime d'un « cambriolage judiciaire ».

Mes rapports avec les juges devant qui je plaide ont toujours été d'une parfaite courtoisie, empreints d'une considération réciproque. Après vingt-trois ans de carrière, je me réjouis du petit nombre de leurs décisions avec lesquelles je me suis trouvé en désaccord. Dans les affaires fiscales, ces magistrats consciencieux, soucieux de la vérité, pallient souvent l'absence d'instruction par l'interrogatoire minutieux du prévenu à l'audience, afin d'éviter de juger sur les seules allégations de l'administration, reprises par le substitut de service, qui apparaît trop souvent comme l'auxiliaire zélé de la DGI.

Je m'insurge, en revanche, contre les fonctionnaires qui se prennent pour le roi. Contre ceux parmi les fonctionnaires des impôts qui traquent et malmènent les contribuables. Contre ceux parmi les juges d'instruction qui ressuscitent la lettre de cachet. Contre les magistrats qui n'ont pas pour unique souci la recherche objective de la vérité et l'application sereine de la loi, et qui rêvent à regret aux procès de Moscou. « Nous pouvons paraître grands dans un emploi au-dessous de notre mérite, mais nous paraissons souvent petits dans un emploi plus grand que nous », observait La Rochefoucauld.

On m'a contraint à mener un combat dont je ne voulais pas et dont, même vainqueur, on ne sort jamais sans dommages. Je n'aurais pas disposé du temps de réflexion indispensable à la reconstitution du puzzle, si l'Ordre des avocats ne m'avait injustement suspendu. À quelque chose malheur est bon. De même que je n'aurais pas été animé d'une telle pugnacité si j'avais seulement eu à subir les vicissitudes d'une instruction injustifiée. Le problème aurait nécessairement trouvé sa solution avec le temps. Ce que j'éprouve est d'un autre ordre. J'ai le sentiment qu'on a délibérément, patiemment, impitoyablement cherché à m'anéantir.

À l'heure où j'écris, la vérité sur mon « affaire » n'est pas encore reconnue. Sans doute dois-je m'attendre à de nouvelles et douloureuses ordalies. Je continue à vivre dans une angoisse comparable à celle que connaissent les citoyens des régimes totalitaires. Mais je garde l'espoir. En France, le justiciable condamné par l'instruction conserve son droit à comparaître devant un tribunal véritable, c'est-à-dire équitable.

Serai-je brisé par cette trop longue attente ? C'est la nuit qu'il est beau de croire en la lumière.

Cet ouvrage, composé
par Nord Compo
a été achevé d'imprimer sur Roto-Page
par l'Imprimerie Floch à Mayenne,
pour les Éditions Albin Michel
en octobre 2001.

N° d'édition : 19983.
N° d'impression : 52564.
Dépôt légal : novembre 2001.
Imprimé en France.